# L'ÉTAT ISLAMIQUE

## ANATOMIE DU NOUVEAU CALIFAT

En couverture : un combattant de l'EI à Mossoul, le 23 juin 2014 (© Reuters / Stringer).

OLIVIER HANNE
THOMAS FLICHY DE LA NEUVILLE

# L'État islamique

## Anatomie du nouveau Califat

Bernard Giovanangeli Éditeur

## DES MÊMES AUTEURS (EXTRAITS)

### EN CO-ÉCRITURE

*L'endettement, ou le crépuscule des peuples*, L'Aube, 2014.

*Guerres à l'horizon*, Lavauzelle, 2014.

### OLIVIER HANNE

*De Lothaire à Innocent III, l'ascension d'un clerc au XIIe siècle*, Presses universitaires de Provence, 2014.

*Mahomet, le lecteur divin*, Belin, 2013.

*Innocent III, la stupeur du monde*, Belin, 2012.

*Jeanne d'Arc, biographie historique*, Giovanangeli, 2012.

*De la guerre au Moyen Âge, anthologie des écrits militaires*, Giovanangeli, 2012.

*Charlemagne, l'empereur des temps hostiles*, Giovanangeli, 2006.

### THOMAS FLICHY DE LA NEUVILLE

*La Noblesse militaire de Guyenne (1715-1789)*, Mémoires et Documents, 2007.

*La Fantaisie de l'officier*, Dominique Martin Morin, 2012.

*Stratégies chinoises, le regard jésuite (1582-1773)*, Economica, 2012.

*Financial Crises and Renewal of Empires*, Saint William's University Press, 2012.

*Stratégies gagnantes en temps de crise*, Economica, 2012.

*L'Iran au-delà de l'islamisme*, l'Aube, 2013.

# Introduction : les résurgences du passé

« Cette année-là [1257], des troubles d'une violence inouïe éclatèrent à Bagdad entre sunnites et shiites qui donnèrent lieu à de terribles pillages et destructions. Un grand nombre de shiites fut massacré à la consternation d'Ibn al-'Alqamî, le vizir qui s'emporta comme une tigresse en furie et incita les Mongols à l'action contre l'Irak afin de prendre sa revanche sur le sunnisme… Au début de l'année [1258], le tyran [mongol] Hûlâgû marcha sur Bagdad à la tête de ses armées, des Géorgiens et de la garnison de Mossoul. Le préfet du palais du calife sortit à la tête de la garnison de Bagdad pour intercepter les avant-gardes du Mongol, mais, trop faibles en nombre, les musulmans furent défaits… [Le vizir ayant fait croire qu'une négociation était possible] le calife al-Musta'sim sortit alors de la ville entouré des notabilités de sa cour et des grands personnages du moment qui devaient assister à la conclusion du pacte prévu. Dès qu'ils furent dehors, ce fut un massacre : toutes les têtes tombèrent. Quant au calife, il fut foulé au pied jusqu'à ce que mort s'ensuive. »

Al-Dhahabî (1274-1348), *Les dynasties de l'islam* (traduction A. Nègre).

Le 10 février 1258, après un siège de quinze jours, Bagdad tombe entre les mains des Mongols. La ville est systématiquement pillée et une partie de la population massacrée. Lorsque le petit-fils de Gengis Khan entra dans la Ville-Ronde aux somptueux palais, et que l'étendard noir des Abbassides eut cessé de flotter sur la cité vaincue, le dernier calife, comptant peut-être sur la clémence du vainqueur, se rendit à lui avec ses fils. Mis à part dans une tente, on lui demanda de révéler les cachettes contenant les fabuleux trésors du califat, après quoi al-Musta'sim fut cousu dans un sac puis piétiné par des chevaux mongols.

La disparition du dernier calife abbasside fit naître un rêve, celui de prendre une revanche sur les armées mongoles, persanes et chrétiennes qui avaient pris la ville califale afin d'y réinstaller un souverain dont la puissance surpasserait celle de Hûlâgû. Ce rêve, qui se voulait ethnico-religieux, arabe et sunnite, fut longtemps oublié, même par al-Qaïda. Pourtant, expliquer l'apparition récente de l'État islamique par des raisons exclusivement économiques et conjoncturelles revient à commettre un contresens. Le renouveau du califat se présente avant tout comme la cristallisation d'un rêve ancien et il ne fait guère de doute que la réutilisation du terme de calife ait créé un choc émotionnel qui échappe à l'Occident. Nul ne sait si Abû Bakr al-Baghdâdî scellera demain ses ordres du sceau du prophète, toujours est-il qu'il a retrouvé l'épée du dernier calife, celle que Hûlâgû ne pouvait saisir parce qu'elle se cachait dans le désir de revanche de ses vaincus.

La brusque émergence de l'*État islamique en Irak et au Levant* (EIIL), aussi appelé *Califat islamique*, loin de se réduire à un simple épiphénomène, se présente comme un événement fondateur pour ses affidés et fondamental pour la géopolitique au Moyen Orient et au-delà[1]. Les cartes politiques et religieuses sont à nouveau rebattues depuis l'Euphrate jusqu'à la Méditerranée, tandis que les grandes puissances se découvrent de nouveaux adversaires.

Ce livre a été écrit par un historien et un géopolitologue. L'association de leurs domaines d'études permet d'élargir le prisme d'analyse habituel. Leur propos, qui ne prétend pas à l'exhaustivité, est de présenter un état de la situation en Irak au 1er octobre 2014, et d'offrir des clés de compréhension sur les événements dramatiques qui se sont joués en Irak durant l'année 2014, d'analyser ce qu'est l'État islamique, ses origines, son projet et son avenir, s'il en a un…

1. Nous utilisons les sigles EIIL et Daesh pour désigner l'organisation terroriste jusqu'en juin 2014, après quoi l'appellation change : *État islamique* (EI) ou *Califat islamique* (*cf.* lexique en fin d'ouvrage).

# CARTE DE LA SITUATION ETHNICO-RELIGIEUSE EN IRAK

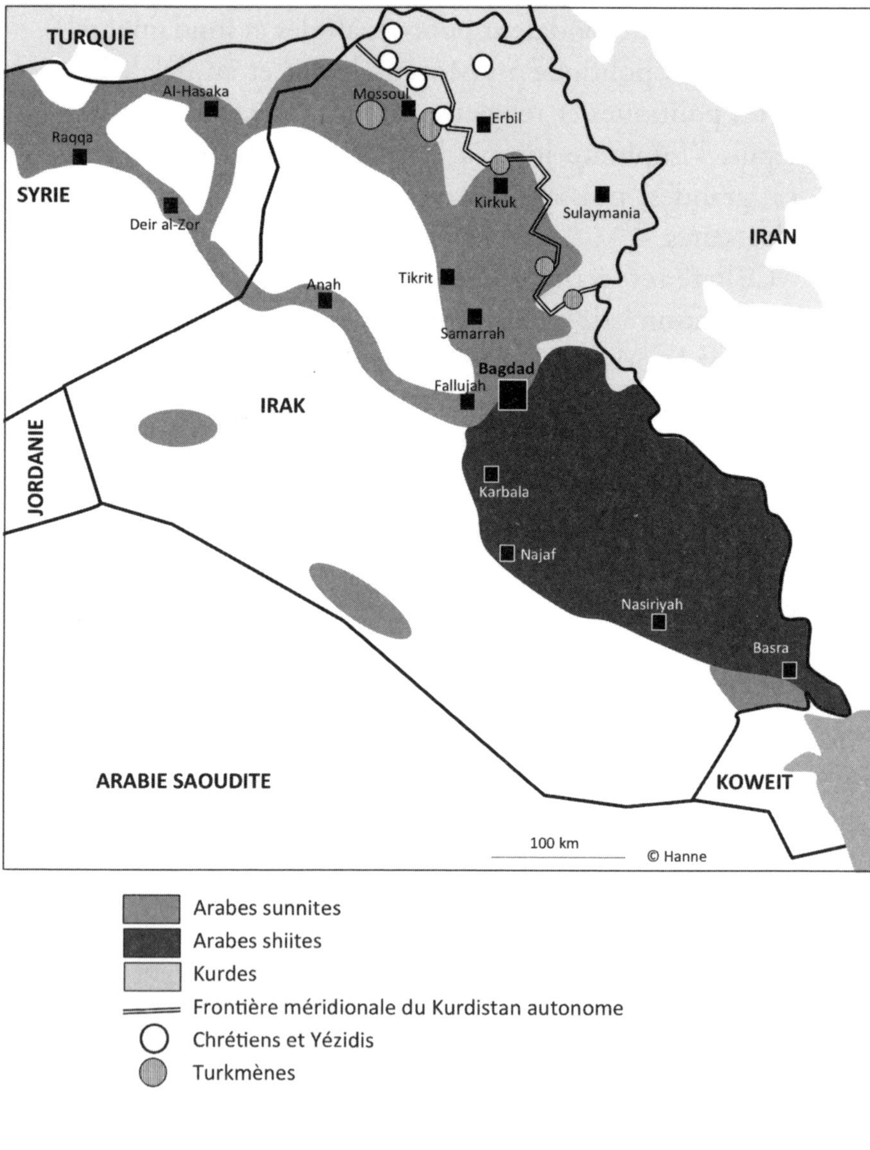

# L'avènement de l'État islamique

L'avènement du Califat islamique n'est pas une création spontanée ni incompréhensible. Son surgissement répond à un ensemble de facteurs identifiables qui se sont enchaînés jusqu'à déclencher l'implosion de la Syrie puis de l'Irak. Car c'est bien de l'effondrement de ces deux États qu'est né l'État islamique (EI), et s'il doit exister32une solution, ou un faisceau de solutions, contre cette structure inédite, elle est d'abord politique. La guerre contre l'EI n'aboutira que portée par un projet de reconstruction politique de la Syrie et de l'Irak, doublé d'un programme de développement économique et de réconciliation sociale.

## LES FAILLES DE LA SOCIÉTÉ IRAKIENNE

Sous Saddam Hussein, l'Irak était déjà tiraillé par des forces centrifuges ethnico-religieuses : Kurdes sunnites au nord (28 % de la population), Arabes shiites au sud mais majoritaires dans le pays (49 %), Arabes sunnites au centre (17 %), souvent fidèles du régime et dont les plus privilégiés étaient ceux de Tikrit. Face au sunnite

Saddam, les shiites – jugés trop proches du régime iranien lui aussi shiite – étaient en position d'opprimés et leur pèlerinage à Kerbala interdit. À ces fractures chez les musulmans, il faut ajouter dans le nord la présence de minorités protégées par le régime tant que leur soumission était assurée: chrétiens assyriens, chaldéens, catholiques, Yézidis[1], Turkmènes[2] et même une poignée de juifs. Pour les zélateurs de l'EI, l'Irak fait ainsi figure de maelström de mécréants qu'il convient de conduire jusqu'à la vérité, expulser ou tuer, d'où la violence de l'épuration lors de leur entrée en juin 2014 à Mossoul, carrefour du christianisme irakien.

Mais l'Irak est aussi une mosaïque de tribus arabes qui se reconnaissent comme héritières d'un ancêtre prestigieux, dont le souvenir remonte souvent au prophète lui-même ou à ses proches compagnons. La structure tribale est apparue à l'époque mésopotamienne et a perduré malgré les invasions extérieures. Il s'agit par conséquent d'une réalité très structurante, plus forte que l'État laïc ou démocratique. Malgré les troubles, la tribu est restée l'élément le plus fort de la société irakienne. Les Britanniques se sont d'ailleurs reposés sur les tribus afin de mettre en place leur *indirect rule* («administration indirecte»), qui déléguait la distribution de l'eau et le

---

1. Communauté ethnico-religieuse composée de Kurdes du djebel Sindjar et du Cheikhan, adorant le Diable pour mieux se prémunir de ses méfaits. Pour l'EI, les Yézidis sont des alliés purs et simples du Démon, envers lesquels aucune tolérance n'est permise.

2. Les Turkmènes (ou Turcomans) sont des populations sunnites d'origine turque, confédérées au x^e^ siècle.

contrôle des terres aux *shaykhs*, les chefs tribaux. Bien que l'appartenance tribale soit sérieusement entamée depuis le milieu du XXe siècle, le groupe se rappelle fréquemment à l'individu, particulièrement lors des crises qui réactivent les réseaux de solidarité traditionnelle. Ainsi, les Takriti, auxquels appartenait Saddam Hussein, étaient-ils réputés pour leur cohésion et leur entrisme. Après avoir cherché à affaiblir les chefs tribaux, Saddam changea de politique en raison de la défaite de la Guerre du Golfe, en 1991. C'est ainsi que les structures sunnites connurent une véritable renaissance[1].

Si la société irakienne se veut religieuse, un certain laïcisme put s'y développer avec l'arrivée au pouvoir du parti Baas en 1968. Ce mouvement politique d'inspiration socialiste proposait un ardent nationalisme afin de rebâtir l'unité arabe. Syrie et Irak furent tous deux gouvernés par le mouvement Baas, pris en main fermement par les al-Assad en Syrie et par Saddam Hussein en Irak dès 1979. Ce dernier instrumentalisa le parti Baas et la rente pétrolière au profit de son clan et des sunnites. Parce que le projet baassiste se voulait laïc pour mieux fédérer des populations mélangées, la majorité shiite par réaction se révéla plus religieuse, voire piétiste. Les affidés de l'EI présentent désormais le Califat comme le retour d'un sunnisme débarrassé du laïcisme et du baassisme, et donc capable de concurrencer les shiites irakiens pour le scrupule religieux.

1. Jesmeen Khan, « The Iraqi Tribal Structure », *Perspectives on Terrorism*, n° 1, novembre 2007.

Il est certain que cette image aura attiré vers le djihadisme un grand nombre de sunnites en voie de déclassement dans un Irak capturé par la majorité shiite après 2003. Dans toute la région, la présence des mosquées, de l'histoire et des symboles musulmans imprègne les populations et suscite le rappel du culte, même auprès des croyants tièdes voire éloignés. L'islam demeure la référence ultime, d'autant que les sunnites syriens et irakiens ont le sentiment depuis 2011 d'avoir été persécutés pour leur adhésion religieuse. La conversion au rigorisme peut ainsi passer pour un retour vers la piété afin d'obtenir le pardon des fautes et la victoire pour la cause de Dieu, trop longtemps négligée[1].

## L'IRAK, ESPACE DE COMPÉTITION ÉNERGÉTIQUE

L'Irak est détenteur de l'une des plus imposantes réserves de pétrole au monde, avec environ 143 milliards de barils. Le FMI affirme que 90 % des revenus du pays sont issus des exports d'hydrocarbures, et l'Agence internationale de l'Energie (AIE) lui attribue la troisième place d'exportateur de pétrole. Ces réserves énergétiques suscitent depuis longtemps la concurrence des grandes puissances et stimulent les désirs d'indépendance du Kurdistan irakien, très fourni en gisements. Depuis 2003, les États-Unis avaient raflé l'essentiel des contrats d'exploitation, mais une concurrence farouche s'est

1. François Burgat, Romain Caillet, « Une guérilla islamiste ? », *Les carnets de l'IREMAM*, 16/10/2013.

# CARTE DES ENJEUX PÉTROLIERS EN IRAK

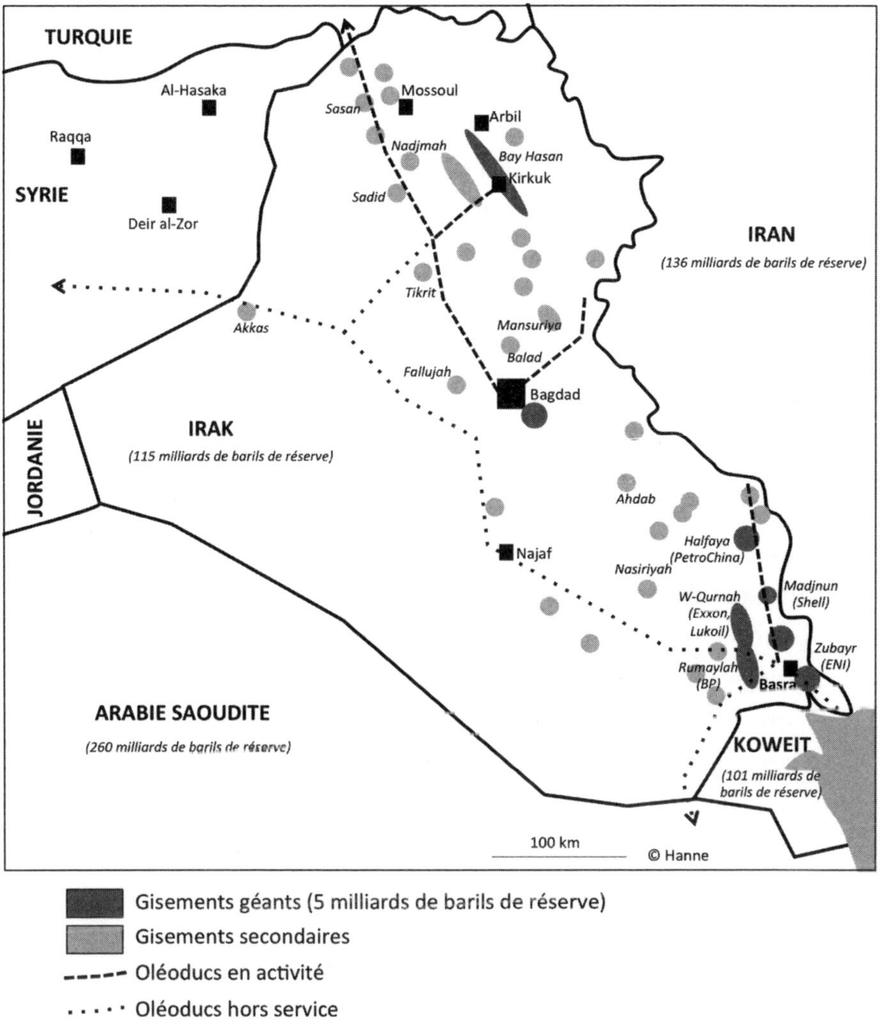

depuis exacerbée entre de nombreux investisseurs en Irak, qu'il s'agisse d'Exxon (EU), de BP (Royaume-Uni, Pays-Bas), de Lukoil (Russie) ou de China National Petroleum Corporation.

Les compagnies chinoises (CPNC, PetroChina et Sinopec), et par extension Pékin, exerçaient un puissant lobby sur le pétrole irakien avant les débuts de l'attaque de l'État Islamique. Le conflit actuel menace clairement les immenses intérêts que la Chine a contractés depuis la fin de l'invasion de 2003. Profitant de la sous-exploitation de nombreux gisements, la Chine depuis 2008 a investi des dizaines de milliards de dollars dans le pétrole irakien. Aujourd'hui, 50 % de celui-ci est exporté vers la Chine. Les entreprises Petrochina et CPNC ont conquis peu à peu les immenses gisements du pays, tel West Qurna – l'un des plus riches du monde – encore détenu à hauteur de 60 % par l'américain Exxon Mobil[1]. La Chine est devenue rapidement le premier client et le premier investisseur de l'Irak. En outre, 10 000 travailleurs chinois sont présents sur les sites de gisement irakien[2]. Lors de l'entrée de l'EIIL en Irak, 1 250 ouvriers chinois se sont retrouvés pris au piège durant des semaines entre les forces étatiques et les djihadistes, préoccupant profondément Pékin[3].

1. « China Is Reaping Biggest Benefits of Iraq Oil Boom », *The New-York Times*, 2/6/2013 ; « PetroChina to join Exxon on giant Iraqi oilfield », *Reuters India*, 9/8/2013.

2. « US Airstrikes in Iraq : A Win-Win Situation for China », *The Diplomat*, 9/8/2014

3. « Irak : des ouvriers chinois pris au piège des combats », *RFI*, 27/6/2014.

Devant l'escalade de la violence, la Chine demande à la communauté internationale de réagir rapidement et soutient toutes les résolutions et discussions de l'ONU en ce sens[1]. Elle se retrouve paradoxalement aux côtés de son principal concurrent économique sur le territoire irakien que sont les États-Unis. Ambitionnant d'ici à 2035 de capter 80 % du pétrole irakien, soit 8 millions de barils par jour, la Chine ne souhaite aucunement faire les frais d'une nouvelle guerre[2].

La situation de crise que traverse l'Irak a diminué l'attractivité de son territoire, d'autant que les infrastructures sont vieillissantes. Face à la hausse du prix du pétrole irakien, l'Union européenne pourrait se tourner vers l'Iran, et la Chine vers la Russie, avec laquelle elle renforce son duo diplomatique. En définitive, la menace que représente l'État islamique risque de mettre à mal de nombreux projets pétroliers, dont la construction de deux pipe-lines reliant la Chine à l'Irak qui revient à la société PetroChina.

Le Kurdistan irakien, quant à lui, restera préservé car ce territoire regroupe plus du quart des réserves pétrolières de l'État irakien, et ses ressources en gaz avoisinent les 5 000 milliards de m³. Non seulement le Kurdistan a entamé des négociations avec les compagnies pétrolières présentes sur son territoire – essentiellement occidentales –, mais il a aussi commencé à exporter du pétrole en son nom

1. « La Chine appelle à renforcer les efforts pour combattre l'EIIL par une résolution du Conseil de sécurité de l'ONU », *CRI.cn*, 16/8/2014.

2. « Iraq Crisis Threatens Chinese Oil Investments », *Bloomberg Business Week*, 17/6/2014.

vers la Turquie, qui profite ainsi d'un pétrole moins cher que celui des Russes. Les litiges avec le gouvernement central irakien se sont donc accrus, d'autant que l'ancien Premier Ministre shiite Nûri al-Maliki cherchait à revenir sur l'autonomie du Kurdistan. Indépendant sur le plan législatif, ce territoire joue aujourd'hui la carte des hydrocarbures en vue d'obtenir son indépendance politique[1]. Ce projet pourrait se concrétiser si jamais le conflit avec l'État islamique débouchait sur la partition de l'Irak, scénario redouté par Bagdad.

## L'INVASION AMÉRICAINE ET LA DÉCOMPOSITION DE L'IRAK (2003-2011)

Débutée en mars 2003, l'intervention des États-Unis et du Royaume-Uni en Irak atteint Bagdad en trois semaines. La coalition transfère dès avril le pouvoir à un gouvernement sous tutelle, dissout le parti Baas de Saddam Hussein et renvoie les cadres de la dictature, privant brutalement le pays de toute son élite politique et compromettant ainsi la transition. Dès l'été, une série d'attentats à Bagdad inaugure un cycle ininterrompu d'explosions et de victimes civiles. Rencontrant l'opposition frontale des sunnites qu'ils viennent d'écarter du pouvoir, les États-Unis doivent aussi affronter les milices shiites à Bagdad et dans le sud du pays, sans rencontrer d'adhésion à leur projet de démocratisation.

1. Myriam Benraad, « Irak : la rente pétrolière au cœur de la crise », *Le Monde*, 23/6/2013.

Dans la zone sunnite, le triangle mortel Tikrit-Falloujah-Ramadi échappe à l'emprise de l'armée américaine et les combats y sont féroces. La révolte de Falloujah paralyse les États-Unis entre mars et mai 2004. C'est cette même ville qui sera occupée par les djihadistes dès janvier 2014, la première grande localité à entrer dans l'orbite du futur Califat islamique. Les Irakiens engagés ont adapté l'ancienne cohésion du parti Baas et son activisme clandestin.

Côté shiite, les armées de la coalition rencontrent la farouche opposition de l'*Armée du Mahdi*, la milice de l'imâm Moqtada al-Sadr. Les attentats dans la zone shiite sont tels que la présence américaine n'est sauvée que par les élections de janvier 2005 qui voient la victoire numérique des shiites et des Kurdes. Les sunnites désertent massivement le scrutin, préparant ainsi leur marginalisation et leur ressentiment pour les dix années suivantes. Le 6 avril, le Kurde Djalal Talabani est élu président, avec l'espoir de confirmer la partition du pays ou d'initier un fédéralisme qui permettrait au Kurdistan d'être totalement autonome. Là encore, les sunnites, qui avaient bâti l'unité du pays avec le parti Baas, se sentent floués. L'exécution en décembre 2006 de Saddam Hussein, après un procès bâclé, ne fait que renforcer leur haine du gouvernement central, peuplé de shiites ralliés à l'armée d'occupation.

Les accords entre les États-Unis et la majorité shiite, ainsi que l'amélioration de la coordination militaire et du renseignement, permettent de diminuer le nombre de morts dans la population de 30 000 en 2006 à 9 600 en 2008, puis à 4 000 deux ans plus tard, selon l'*Iraq Body Count*. Mais le centre du pays, ainsi que Bagdad, sont la proie d'un chaos grandissant, nourri par les haines confessionnelles. Le pouvoir central, appuyé par les milices shiites et les forces spéciales américaines, fait pression sur les anciens baassistes et les sunnites. De part et d'autre, des groupes informels, à mi-chemin entre le banditisme et le terrorisme, pratiquent l'enlèvement, l'extorsion et l'assassinat. Dès le printemps 2004, certains indices dévoilent la présence en Irak de combattants proches d'al-Qaïda, dont les cibles sont les forces gouvernementales, les quartiers shiites et les mausolées de Kerbala et Nadjaf (attentat du 19 décembre 2004).

Une multitude de groupes sunnites se créent entre 2004 et 2006, combattus à la fois par les États-Unis, l'armée irakienne et les milices shiites. À l'origine composés d'anciens membres de la Garde républicaine, d'officiers ou de baassistes, beaucoup se sont radicalisés et ont adopté l'islamisme, jusqu'à faire entrer dans leurs rangs des djihadistes étrangers :

– l'*Armée des partisans de la sunna* (*Djaïsh Ansar al-Sunna*), kurde, ralliée au réseau de Ben Laden, et dirigée contre les shiites,

– l'*Armée islamique en Irak*, particulièrement nombreuse, mais opposée dès 2007 au précédent groupe auquel il refuse de faire allégeance,

– l'*Unicité et le djihâd*, fondé dès les années 1990 en Irak et tenu par Abû Muss'ab al-Zarqâwi. Cet ennemi désigné des shiites fut tué lors d'une frappe aérienne en 2006. Devenu chef de la branche militaire d'al-Qaïda en Irak, son mouvement constitua en 2006 l'*État islamique d'Irak*, un émirat virtuel et terroriste, dirigé par Abû 'Umar al-Baghdâdî, un Irakien qui s'intitula « émir » (« commandant » en arabe), titre des gouverneurs provinciaux dans l'empire islamique au Moyen Âge. Soutenu par Ben Laden, l'homme fut tué en 2010. C'est cette première organisation qui devint en 2013 l'*État Islamique en Irak et au Levant* (EIIL) : *al-dawla al-islâmiya fi-l-'irâq wa-l-shâm*, réduit à l'acronyme arabe : *Da'ish* ou *Daesh*. Il ne comptait en 2010 qu'un millier d'hommes et menait ses opérations dans l'ombre d'al-Qaïda, mais l'EIIL sut profiter de la guerre civile en Syrie et de la porosité des frontières pour se renforcer. Dès 2007, le mouvement approfondit et uniformisa l'endoctrinement religieux dans ses rangs, alors que la nébuleuse d'al-Qaïda s'accommodait des divergences doctrinales. Avec la mort d'Abû 'Umar, son successeur désigné fut Abû Bakr al-Baghdâdî, qui prêta allégeance à al-Zawahiri, successeur de Ben Laden, à sa mort en mai 2011. En se ralliant à al-Qaïda, Daesh put profiter de ses conseils, de ses centres d'entraînement, de ses réseaux, et surtout de son prestige.

On compte encore plus d'une dizaine de mouvements qui sont tous composés de *katibas*, des petits groupes combattants autonomes. L'ensemble forme donc une nébuleuse rattachée par un lien de type vassalique à un chef, sorte d'émir médiéval. Ces formations souples et vaguement hiérarchisées donneront naissance au Califat islamique.

## L'IMPASSE DE NÛRI AL-MÂLIKI

Face au chaos entretenu par al-Qaïda, le gouvernement irakien et l'armée américaine, à l'initiative du général Petraeus, décident à partir de 2007 de s'appuyer aussi sur les tribus sunnites du centre en constituant les comités *al-Sahwa* (« le réveil »). Ces milices d'auxiliaires de sécurité sont des sortes de gardes nationales sunnites, armées pour lutter contre les mouvements islamistes. Plus de 100 000 combattants tribaux servent alors l'État irakien, avec la promesse d'être un jour intégrés officiellement dans les services de sécurité[1]. C'est aussi grâce à ces milices et aux tribus qu'elles représentent, que le nombre de morts et d'attentats diminuent pendant quelques années.

Mais, impuissant à unir l'Irak, le Premier Ministre shiite Nûri al-Mâliki (2006-2014) laisse le chaos se répandre dans un pays dont la coexistence entre communautés reposait avant 2003 sur la répression contre les uns et le clientélisme envers les autres. La collusion entre l'État irakien et l'armée américaine porte atteinte à la légitimité du premier et aucune politique d'accommodement n'est engagée. À titre d'exemple, l'opération contre-insurrectionnelle, menée conjointement par 10 000 soldats irakiens et américains

1. Tina Susman, « Iraqi sheik a contrast to his slain brother with his own style », *Los Angeles Times,* 13/10/2007.

sur Tall Afar en septembre 2005 contraint près de 300 000 Turkmènes sunnites à plier bagages. La ville de Tall Afar était considérée comme un bastion de la guerilla irakienne impulsée par al-Qaïda. Les troupes avaient pour but de donner la chasse aux terroristes, mais c'est toute une population qui est violentée par les fouilles ou jetée sur les routes. Ce coup de force américano-irakien a des conséquences directes sur l'acceptation déjà fragile de l'État Irakien sous tutelle. La riposte ne se fait pas attendre : l'opération contre Tall Afar est déclenchée le 10 septembre 2005, et quatre jours plus tard une série de 11 attentats ciblant des shiites éclate à Bagdad.

Le départ des troupes américaines, anticipé par Barack Obama, s'achève à la fin de l'année 2011, mais laisse le Premier Ministre al-Mâliki seul pour gouverner un pays fracturé, alors qu'il est contesté au sein de son propre camp. Son autoritarisme renforce la haine des tribus sunnites et prépare leur ralliement aux groupes qui créèrent Daesh. Il fait dissoudre les comités *al-Sahwa* sans honorer sa promesse d'officialiser leurs services[1]. Les milices et les soldats shiites humilient régulièrement les sunnites aux barrages policiers, dans les prisons, dans les rues ; on tabasse, on insulte et même on viole. Certains villages sont bombardés. L'année 2013 aboutit, selon l'ONU, à un total de 8 000 morts. Médiatiquement, le Premier Ministre accuse les insoumis d'être des agents d'al-Qaïda. L'exaspération favorise l'extrémisme religieux chez les sunnites.

1. Hicham Mourad, « D'où vient la force de Daech ? », *Al-Ahram Hebdo*, 18/6/2014.

Contre les forces d'al-Mâliki, la tribu des Jumayla, omniprésente à Falloujah et Ramadi, qui avait combattu les soldats américains, fonde en 2013 une direction militaire menée par les chefs de clans et d'anciens officiers de Saddam, afin de lancer une résistance qui se veut populaire. Le shaykh Khalid Hamûd al-Jumayli dirige les opérations, qui sont à la fois sécuritaires et démonstratives (manifestations, sit-in)[1]. Mais en novembre 2013, le shaykh est capturé et assassiné par les forces gouvernementales. D'autres chefs sunnites sont ainsi arrêtés puis exécutés, dont le député Ahmad al-Alouani en janvier 2014[2]. Au même moment, les djihadistes de l'EIIL s'emparent de quartiers de Falloujah ; une partie des civils fuient la cité, tandis que les hommes constituent des milices d'auto-défense, ralliés à l'EIIL, pour faire barrage aux opérations « anti-terroristes » du gouvernement[3]. Ce dernier fait bombarder un hôpital et des habitations avec des barils d'explosifs (*cf. Human Rights Watch*). Pour beaucoup d'Irakiens sunnites, al-Mâliki apparaît comme un pantin aux ordres de Téhéran qui souhaite offrir la revanche iranienne sur la guerre Iran-Irak (1980-1988)[4]. Par réaction, les attentats anti-shiites se multiplient

1. 'Alî al-Mousawi, « L'ouest irakien à feu et à sang après une opération anti-terroriste », *France 24,* 31/12/2013.

2. Abir Taleb, « L'Iraq dans le chaos politique », *Al-Ahram Hebdo,* 1/1/2014.

3. *France 24*, 7/1/2014.

4. L'ancien général de Saddam Hussein, Hûssam al-Dîn al-Doulaymi déclare le 7 janvier 2014 à la chaîne Al-Gharbiyya : « La troisième Qadissiya [référence à la bataille de 636 entre Arabes musulmans et Perses sassanides] a commencé contre l'Iran et ses agents en Irak, après celle du calife 'Umar et celle du vénérable Président martyr Saddam Hussein ».

et le prestige d'al-Qaïda s'accroît, sans d'ailleurs que la nébuleuse élargisse ses positions sur le terrain…

Le gouvernement irakien mis en place en 2003 était basé sur une répartition des postes d'importance en fonction de critères confessionnels et ethniques et non sur la notion de la citoyenneté individuelle. L'aide occidentale à la reconstruction du pays s'est focalisée sur les installations pétrolières et a systématiquement favorisé les entreprises américaines, sans consultation des Irakiens[1]. La fin de la présence américaine a scellé le sort de cet État moribond dont tous les ministères œuvraient pour leurs intérêts propres, régionaux ou ethniques. En témoignent les innombrables manifestations hostiles au pouvoir, qui ont parfois fini en bain de sang, à l'image des heurts dans la région de Hûweijah en avril 2013 qui ont causé la mort de plus de 50 personnes[2]. Ces effusions de sang ont eu des effets politiques immédiats : quatre ministres de confession sunnite ont quitté le gouvernement de coalition entre mars et avril. La mauvaise santé de l'État n'était un secret pour personne.

## LA GUERRE EN SYRIE EN ARRIÈRE-PLAN (2011-2014)

La guerre en Syrie tient lieu de second élément déclencheur[3].

1. Marc Lavergne, « La reconstruction de l'Irak : abus de langage, abus de pouvoir », *halshs-00638148*, 4 novembre 2011.

2. « La violence reprend en Irak », *Le Matin*, 26 avril 2013.

3. Nous nous référons notamment à Hosham Dawod, « Les réactions irakiennes à la crise syrienne », Fondation Maison des sciences de l'homme, n° 47, octobre 2013.

En mars 2011, des manifestations pacifiques ébranlent le régime autoritaire de Bachar al-Assad dans un grand nombre de villes de Syrie. Réprimé dans le sang par les services de sécurité de l'État, le mouvement de contestation prend de l'ampleur jusqu'à aboutir à la défection d'officiers de l'armée qui constituent l'*Armée syrienne libre* (ASL), de tendance laïque. Face à la rébellion, al-Assad réagit par la force. À la fin de l'année, la situation commence à dégénérer en conflit armé et en guerre civile. Dès 2012, l'ASL profite du soutien de la Ligue arabe et des principaux pays occidentaux qui acceptent d'armer les rebelles via la Turquie, le Qatar et l'Arabie Saoudite. Ces liens facilitent l'arrivée sur place de nombreux candidats au djihâd, d'origine étrangère : des Algériens, des Libyens, mais aussi des Européens issus de l'immigration. L'ASL doit cohabiter avec ces nouveaux venus qu'elle ne contrôle pas et dont les buts de guerre n'ont rien à voir avec les siens. De son côté, Bachar obtient l'aide inconditionnelle du Hezbollah libanais et de l'Iran[1]. La Russie se veut bienveillante envers la Syrie avec lequel elle a des liens privilégiés depuis les années 1950. En quelques mois, après une première phase politique, la Syrie est donc passée dans la confrontation

1. Cette aide est un retour de celle que la Syrie a fournie à l'Iran durant la guerre contre l'Irak (1980-1988). Les deux pays ont signé en 2006 des accords de défense communs, financé la base militaire de Lattaquié en 2011 et projetaient ensemble la construction d'un oléoduc, *cf.* I. Delanoë, « Le partenariat stratégique russo-syrien : la clef du dispositif naval russe en Méditerranée », *Research Fellow, Harvard University,* n° 6, 13 février 2013 ; F. Pichon, « La Syrie, quel enjeu pour la Russie au Moyen Orient ? », *Politique étrangère,* n° 1, 2013 ; F. Pouladi, « Iran and Syria sign pact against common threats », *The DailyStar,* 16 juin 2006 ; C. Couglin, « Iran agrees to fund Syrian military base », *The Telegraph,* 12 août 2011.

religieuse : la majorité sunnite (70 %) face aux minorités du pays, le front sunnite rigoriste face au front shiite et alaouite[1], auquel les minorités chrétiennes de Syrie se rallient rapidement[2]. Face au danger, près de 200 000 réfugiés, Kurdes ou Arabes, affluent vers les frontières irakiennes. La seule province d'al-Anbar en a accueillis plus de 20 000 en 2012[3]. Mais parmi eux des djihadistes infiltrés seraient entrés dans le pays, rejoignant la cellule irakienne d'al-Qaïda.

La guerre civile syrienne a créé un terrain plus que favorable à l'avènement de l'État islamique : loin de l'œil inquisiteur des médias, et de la communauté internationale, les hommes de l'État islamique ont pu faire leurs premières armes contre l'armée syrienne. Leur entraînement, la fabrication artisanale d'explosifs et même le raid sur Mossoul qui fut planifié en mai 2014 à Raqqa en Syrie : l'État Islamique naissant ne pouvait espérer de meilleures conditions pour grandir et s'aguerrir.

Bien plus, profitant des maladresses occidentales et de l'aide militaire fournie à l'initiative des États-Unis et de l'Europe à la rébellion contre Bachar al-Assad, une multitude de petits groupes, les uns laïcs et syriens, les autres djihadistes et souvent étrangers, ont pu récupérer

1. Secte apparue au IXe siècle en Irak et très implantée au nord-ouest de la Syrie, issue des shiites septimains, eux-mêmes séparés de la branche shiite majoritaire. La famille des al-Assad est Alaouite.

2. Sur ce phénomène de « confessionnalisation » de la guerre civile, *cf.* François Burgat, Romain Caillet, *Pas de printemps pour la Syrie*, La Découverte, 2013.

3. H. Dawod, « Les réactions irakiennes à la crise syrienne », *op. cit.*

ces armes légères (fusils d'assaut, grenades, RPG, etc...) largement distribuées[1]. L'implication des États-Unis dans la formation militaire des rebelles syriens dont la plupart sont aujourd'hui devenus des soldats de l'EI n'est pas négligeable : au moins 200 soldats de l'ASL ont reçu une formation militaire américaine en Jordanie au début de l'année 2013[2].

Après 2012, l'existence de la Syrie est, de facto, devenue caduque. L'ASL est désormais totalement débordée par les mouvements djihadistes et leur alliance opportuniste s'est effondrée[3]. Si les loyalistes contrôlent Damas et la moitié occidentale du pays, le nord et l'est leur échappent entièrement, ainsi que quelques poches de résistance à la frontière jordanienne. Mais Bachar al-Assad sait pratiquer l'art de la manipulation politique et médiatique. Ainsi, au début des révoltes, il aurait libéré des détenus salafistes pour souffler sur les braises et accuser la contestation d'être liée à al-Qaïda[4].

Parmi les groupes rebelles de Syrie, on relève notamment :

– Le *Parti de l'Union démocratique* (PYD), composé de Kurdes sunnites qui tentent d'obtenir leur autonomie dans les territoires ethniquement kurdes du nord de la

1. Frédéric Pichon, *Syrie : pourquoi l'Occident s'est trompé*, Éditions du Rocher, 2014 ; du même auteur, « Aux origines du conflit syrien », *Diplomatie*, n° 66, janvier-février 2014, p. 14-18.

2. Georges Malbrunot, « Des forces spéciales américaines entraînent des rebelles syriens en Jordanie », *Le Figaro*, 1er mars 2013.

3. Thomas Flichy, Olivier Hanne, *Guerres à l'horizon*, Lavauzelle, 2014, p. 67-72.

4. Michel Touma, « Assad, l'ami des islamistes », *L'Orient, Le Jour*, 3 septembre 2013.

Syrie. Depuis l'implosion des frontières entre la Syrie et l'Irak, le PYD travaille de concert avec les Kurdes du Kurdistan irakien et peut éventuellement constituer une menace pour la Turquie qui refuse à cette minorité toute autonomie sur son territoire. Le financement turc de la rébellion syrienne est évidemment lié au règlement de la question kurde.

– Le *Front islamique*, qui professe le salafisme, groupe particulièrement nombreux et souhaitant l'application de la sharî'a dans le pays. Il serait subventionné par l'Arabie Saoudite.

– Le *Front de la victoire* (*Jabhat al-Nosra*), regroupant peut-être 10 000 à 20 000 combattants[1].

À l'origine, ce dernier groupe était une branche armée de l'*État Islamique en Irak et au Levant* qui fut créée en Syrie en janvier 2012, à l'initiative d'al-Zawahiri, et donc d'al-Qaïda, afin de supprimer le pouvoir alaouite et de récupérer la terre du *Sham*, le Levant, soit la Syrie et le Liban. Jabhat al-Nosra fut placée sous le commandement d'Abû Muhammad al-Djûlani, un proche d'Abû Bakr al-Baghâdî. Ainsi, côté syrien, l'EIIL coopérait avec al-Nosra, et côté irakien avec la branche d'al-Qaïda.

En Syrie, le but des deux groupes était le respect de la sharî'a dans les pays du Proche Orient, en éradiquant notamment le shiisme et, à plus long terme, en s'attaquant

1. Selon ses vidéos, son objectif est de « rétablir le règne de Dieu sur terre et venger l'honneur violé des Syriens et le sang versé», *cf.* Samar al-Gamal, « Nouveaux groupes terroristes », *Al-Ahram Hebdo*, 20 août 2014. Sur les stratégies de tous ces groupes dans le cadre de la guerre civile, *cf.* F. Burgat, R. Caillet, « Une guérilla islamiste ? », *Les carnets de l'IREMAM*, 16 octobre 2013.

aux États-Unis et à l'Occident. Mais en raison de querelles internes et surtout des ambitions propres d'al-Baghdâdî, Jabhat al-Nosra s'est progressivement éloignée de l'EIIL jusqu'à s'en séparer en mai 2014. Son dirigeant déclara alors allégeance à al-Zawahiri (al-Qaïda). Le Front al-Nosra, présent depuis août 2011 en Syrie a gagné la bienveillance de la population en mettant en place des administrations en charge des villes, des réserves de pétrole et en créant des services d'aide ; il s'appuie sur un fort soutien de la population locale qui se sent seule face au pouvoir alaouite. Or, l'auto-proclamation du Califat islamique à cheval sur l'Irak et la Syrie par al-Baghâdî vient désavouer la puissance d'al-Nosra en Syrie et a entraîné des combats entre les anciens alliés. Abû al-DJûlani s'est donc rapproché d'al-Zawahiri en entrant dans le réseau terroriste d'al-Qaïda afin de bénéficier d'une aide financière, d'une crédibilité supplémentaire et d'une autonomie assurée. En fin de compte, l'opposition entre Daesh et al-Nosra appuyé par al-Qaïda s'explique par des rivalités personnelles aussi bien que doctrinales.

Malgré la prise glorieuse de Raqqa en Syrie par l'EIIL en mars 2013, les affrontements entre ces deux factions se sont multipliés depuis janvier 2013[1], spécialement dans les zones pétrolières de la Syrie et autour de Deir al-Zor. Ces combats s'expliquent par une différence de recrutement entre les deux organisations. Jabhat al-Nosra est principalement formée de Syriens, autrefois membres

1. L'État islamique est effectivement entré en guerre sur le territoire syrien en janvier 2013 soit presque deux ans après le début du conflit.

de la rébellion et qui se sont rattachés à ce mouvement plus riche, plus organisé et surtout plus religieux que l'ASL, tandis que l'État Islamique ne possède quasiment que des combattants étrangers à la Syrie : plus de 70 % des membres des groupes armés de Daesh en Syrie proviennent d'Irak, de Somalie et même d'Europe[1]. L'EIIL s'est déclarée à plusieurs reprises hostile à toute aide militaire venant d'infidèles pour lutter contre al-Assad, alors qu'al-Nosra n'y voyait pas d'inconvénient. La confrontation avec al-Nosra n'a pas profité à l'EI, puisque ce dernier a perdu pied dans l'est de la Syrie entre 2013 et 2014, sauf à Raqqa. Toutefois, les succès militaires de Daesh durant l'été 2014 ont créé un appel d'air en sa faveur, et des centaines de combattants d'al-Nosra ont préféré rejoindre l'autre organisation, plus dynamique[2].

Côté irakien, l'année 2011 fut catastrophique pour la cellule locale d'al-Qaïda (AQPI : *Al-Qaïda dans la Péninsule arabique*) qui a été pratiquement démentelée par les assauts incessants des troupes américaines et irakiennes. Mais à partir de 2012, les erreurs du Premier Ministre et le désengagement des États-Unis remirent sur pied l'organisation. Entre 2012 et 2013, c'est bien AQPI qui fut le mouvement le plus actif en Irak, et non Daesh. Le groupe est alors responsable d'une dizaine d'attentats par mois, soit un millier de victimes. Ses

1. Il est probable qu'al-Nosra ait aussi une politique plus conciliante avec les minorités religieuses, d'après les déclarations du chrétien syrien Michel Kilo (BBC et blog *Un œil sur la Syrie*, 12 février 2013).

2. Samuel Laurent sur *Radio Vatican*, 10 septembre 2014.

attaques touchent les quartiers shiites de Bagdad, mais aussi le sud, près du littoral, ce qu'était incapable de faire al-Baghdâdî. Pourtant, l'EIIL commença à organiser ses propres campagnes de terreur, en toute autonomie, et se détacha progressivement des directives opérationnelles d'al-Qaïda. En juillet 2013, Daesh lança l'opération *Destruction des frontières*. Le 21 juillet, il réussit à attaquer la sinistre prison d'Abû Ghrayb et à libérer 500 détenus. Aussitôt, en août, AQPI déclencha sa propre campagne, tout aussi meurtrière, *Moisson de soldats*, sans doute pour rappeler son pouvoir de nuisance[1].

C'est donc en raison du double contexte syrien et irakien que la nébuleuse responsable du 11 septembre finit par rompre tout lien avec Daesh en raison du caractère indépendant d'al-Baghdâdî et de son groupe, indépendance manifeste dans la proclamation unilatérale d'un califat islamique en Irak.

## L'OPPORTUNISME DES SUNNITES IRAKIENS

> « L'arrivée de l'EIIL, c'est plus une histoire d'intérêts locaux qu'une guerre confessionnelle. Il y avait finalement peu de combattants djihadistes qui ont attaqué le village, et ils sont repartis ».
>
> Un Turkmène de Tazeh[2].

Parmi les tribus irakiennes dont le territoire se trouve

1. Jessica Lewis, « Al-Qaeda in Iraq Resurgent », Institute for the Study of War, septembre 2013 ; *ibid.*, « AQI's Soldiers' harvest Campaign », *id.*, octobre 2013.

2. Samuel Forey, *Le Figaro*, 22 juin 2014.

sous contrôle de l'EI, les divisions sont fortes et le jeu politique largement opportuniste. Même si les frontières syro-irakiennes ont été gelées après la Première Guerre mondiale par les accords Sykes-Picot de mai 1916 (*cf.* carte p. 32), les populations des territoires libanais, syriens et nord-irakiens ont toujours continué à se fréquenter, notamment en raison des intérêts pétroliers (l'IPC, le grand oléoduc Kirkouk-Tripoli, traverse les trois pays), et surtout de l'unité autour de l'arabisme et du sunnisme. De nombreux officiers baassistes de Syrie se sont ralliés à l'ASL puis ont été contraints de collaborer avec les groupes islamistes contre le pouvoir shiito-alaouite, tout comme leurs confrères officiers baassistes d'Irak ralliés à Daesh contre le gouvernement shiite de Bagdad. Les anciens cadres du parti Baas irakiens auraient collaboré avec les hommes de l'EI pour assurer l'autonomie de la zone sunnite, avec le consentement tacite de Massoud Barzani, chef de l'autorité du Kurdistan irakien. La prise de Mossoul en juin 2014 par l'EI serait le résultat de cette collaboration opportuniste[1]. Actuellement, Abû 'Abdû Rahmân al-Bidawi, le chef des opérations militaires de Daesh, est un ancien officier de Saddam ; c'est encore le cas du gouverneur de la province d'al-Anbar nommé par al-Baghdâdî et celui de Deir al-Zor, côté syrien[2].

À l'attitude ambiguë de ces élites baassiste s'ajoute celle des chefs de tribus sunnites. Espérant regagner leur place politique en Irak et surtout une partie de

1. IRIB, 4 août 2014. Cette hypothèse est largement relayée par l'Iran.
2. Jean-Pierre Perrin, « Al-Baghdadi, jihadiste invisible », *Libération*, 13 juin 2014.

# CARTE DES ACCORDS SYKES-PICOT (16 MAI 1916)

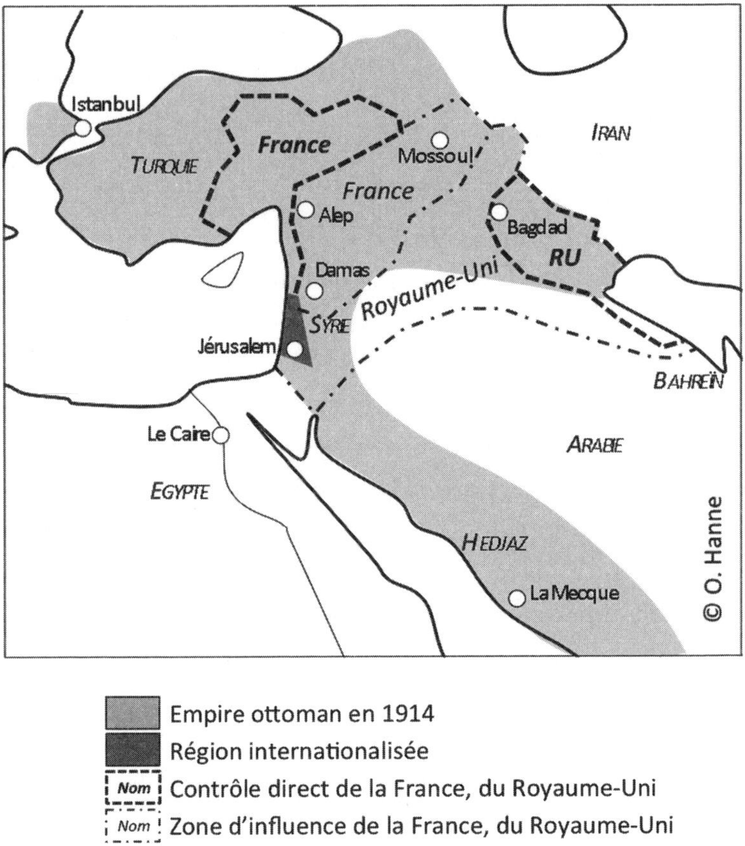

la rente pétrolière, les tribus ont refusé le fédéralisme, mais en 2011 des provinces sunnites (al-Anbar, Salah al-Dîn, Diyala, Ninive) ont demandé des référendums sur l'autonomie, en vain. La tribu des Dulaymi, située dans la province d'al-Anbar, soutient actuellement la rébellion. Cette tribu qui compte trois millions d'individus et un millier de clans exalte son passé militaire, notamment sa participation aux premières conquêtes arabes du VIIe siècle. Elle est composée pour 25 % de nomades bédouins et pour 75 % de paysans vivant le long de l'Euphrate jusqu'à Bagdad, en passant par Ramadi. Tout au long du XVIIIe siècle, la tribu s'est opposée au califat ottoman en refusant de payer l'impôt. Au cours de la Première Guerre mondiale, les clans soutinrent d'abord l'Empire ottoman contre les Britanniques, puis en 1917, le shaykh 'Alî Sulayman se retourna en leur faveur contre les Ottomans. Après la guerre, les clans furent divisés face aux Britanniques puis unis derrière Saddam Hussein qui les nomma massivement dans l'armée[1]. Au cours de la guerre d'Irak de 2003, la tribu fut le principal soutien de l'insurrection contre l'occupation américaine. Ceci s'explique en raison des bombardements de Falloujah et de Bagdad où habitent de nombreux Dulaymi.

À l'heure actuelle, cette tribu est loin d'être unifiée car il existe en son sein des clans shiites notamment à Najaf, Karbala, Basra, Babil et Bagdad. Son soutien à l'EI est soumis à conditions et trouve sa raison principale

1. Yitzhak Nakash, *The Shi'is of Iraq*, Princeton University Press, 1994.

dans l'opposition politique au gouvernement shiite[1]. La tribu se souvient en outre qu'al-Qaïda a fait assassiner en 2001 le père de son shaykh actuel, 'Alî Hatem Sulayman. Si ses revendications sont entendues par le nouveau gouvernement, la tribu pourrait bien abandonner son alliance avec le nouvel État islamique. Le skhaykh a d'ailleurs déclaré que Daesh ne constituait qu'une infime partie de l'opposition sunnite et que « Bagdad doit encore faire des concessions avant qu'il ne se retourne contre Daesh »[2].

L'État islamique puise également son soutien dans deux tribus majeures. Il s'agit en premier lieu de la tribu al-Djuburi, qui est la plus importante d'Irak avec ses six millions de membres. Elle est implantée au nord de l'Irak et est composée d'une majorité sunnite mais aussi d'une forte minorité shiite. Cette tribu s'est opposée à al-Qaïda pendant l'occupation américaine car l'organisation avait assassiné de nombreux leaders tribaux dont le chef des Djuburi. Son chef, Ismaïl Djuburi, est connu pour son opposition à l'occupation américaine et à al-Qaïda[3].

De son côté, la tribu des Shammar est composée de trois millions d'individus concentrés autour de Mossoul. Elle descend d'une tribu yéménite, les Tayy.

1. Le shaykh tribal Rafa'a Mechine al-Joumayli, intégré comme chef militaire de l'EIIL dans la province d'al-Anbar déclare : « Nous avons des différends idéologiques, mais nous avons les mêmes objectifs », à savoir la lutte contre le Premier Ministre. Mais ce but peut en cacher d'autres, et l'éviction d'al-Mâliki le 8 septembre 2014 n'a pas rompu leur alliance, *Le Monde,* 11 juin 2014.

2. Ned Parker, Suliman Al-Khalidi, « The doubt inside Irak's Suni 'revolution' », *Thomson Reuters*, août 2014.

3. Il a été plusieurs fois la cible d'attentats, ainsi le 12 mai 2013 (AFP).

Elle a gouverné l'Irak sous la dynastie des Munthérides implantés près de Mossoul à partir du XVIIe siècle, puis a continué d'exercer une forte influence durant tout le XXe siècle. La tribu avait alimenté l'insurrection contre les Britanniques en 1920 puis favorisa le Parti Baas. Pourtant Saddam s'en méfia toujours en raison de leurs liens avec des clans restés en Arabie Saoudite, pays devenu un ennemi de l'Irak après 1990. Elle est composée d'une branche sunnite au nord (Shammar al-Djarba) et d'une branche shiite (Shammar Toga) installée dans le sud de l'Irak dans la région du Wasit près de al-Suwayrah depuis le XIXe siècle[1]. Avec la chute de Saddam, son chef, Ghâzi mash'al 'Adjîl al-Yâwar, fut nommé Président du gouvernement intérimaire établi par les États-Unis (2004-2005)[2]. Mais le renversement politique au profit des shiites permis par les élections poussa les clans dans la contestation, si bien qu'ils fournissent aujourd'hui de nombreux combattants à l'État islamique. Certains restent toutefois hostiles à l'EI, même dans la province d'al-Anbar[3].

Divisées en branches sunnites et shiites, minées par des intérêts divergents, les tribus irakiennes situées sur le territoire de l'État islamique ont par conséquent une posture très opportuniste. Leur point de vue est

1. Madawi Al Rasheed, *Politics in an Arabian oasis. The Rashidi Tribal Dynasty*, I. B. Tauris and Co., 1991.

2. Hussein Hassan, « Iraq : Tribal Structure, Social and Political Activities », CRS Report for Congress, 2007.

3. D'où les contre-offensives du 15 août 2014, *cf.* « Irak : Kurdes et tribus sunnites contre-attaquent », I-Télé-AFP, 17 août 2014.

celui de résistants à une oppression. Anciens officiers dégradés, élites baassistes écartées, classes populaires méprisées au quotidien, tous se retrouvent unis derrière les shaykhs tribaux pour mener ce qu'il faut bien appeler un nationalisme arabo-sunnite, nostalgique de l'ancien Irak. Pour eux, l'État islamique peut n'être qu'un moyen et ses membres de simples supplétifs à leur reconquête du pouvoir et de leur honneur. L'affaiblissement de l'EI passera, à terme, par le retournement de ces tribus et leur ralliement au gouvernement central de Bagdad, ce qui implique une réconciliation nationale ou, à tout le moins, une solution politique.

## LES SUCCÈS MILITAIRES

L'éclatant succès de l'EIIL en Irak est d'abord militaire, et n'est devenu politique que dans un second temps. Le mode d'action principal de Daesh jusqu'à l'hiver 2014 combinait des coups de main, des enlèvements et des attentats dans l'est syrien et l'Irak. Ses capacités ne l'amenaient pas encore à conduire une campagne à grande échelle dans des affrontements au sol, armée contre armée. Pourtant, dès 2008, le mouvement opéra une mutation stratégique aussi ambitieuse qu'irréaliste à l'époque et dont le but était l'installation durable sur un territoire déterminé. Ce nouvel objectif entrait en contradiction avec toute la politique djihadiste d'al-Qaïda qui visait la déstabilisation et non l'étatisation. Sur le terrain, l'EIIL était incapable d'assumer un tel but,

# CARTE DE LA MONTÉE EN PUISSANCE DE L'EIIL EN 2013

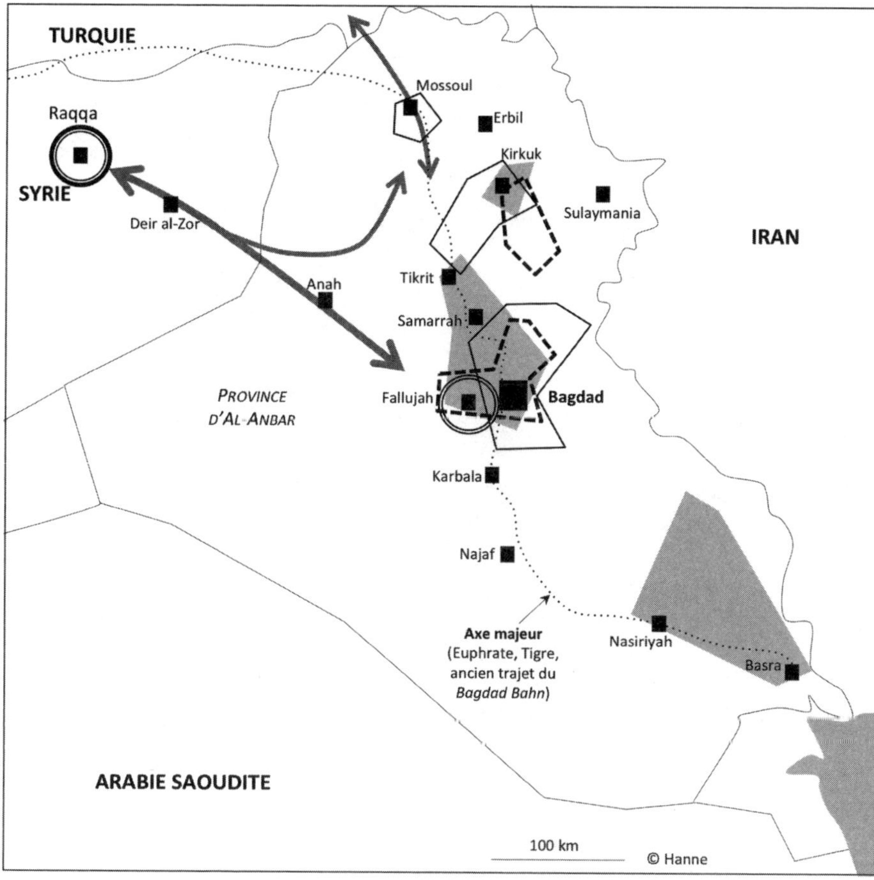


L'opération *Destruction des frontières* :

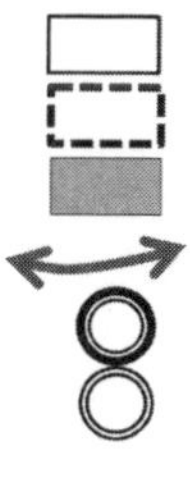

zones touchée par les attentats le 23 juillet 2013,

zone touchée le 16 août,

zone touchée le 9 septembre.

Axe des transferts d'armes et de djihadistes.

Prise de Raqqa en mars 2013.

Prise de Fallujah en décembre 2013.

# CARTE DU TERRITOIRE DE L'ÉTAT ISLAMIQUE (1ER OCTOBRE 2014)

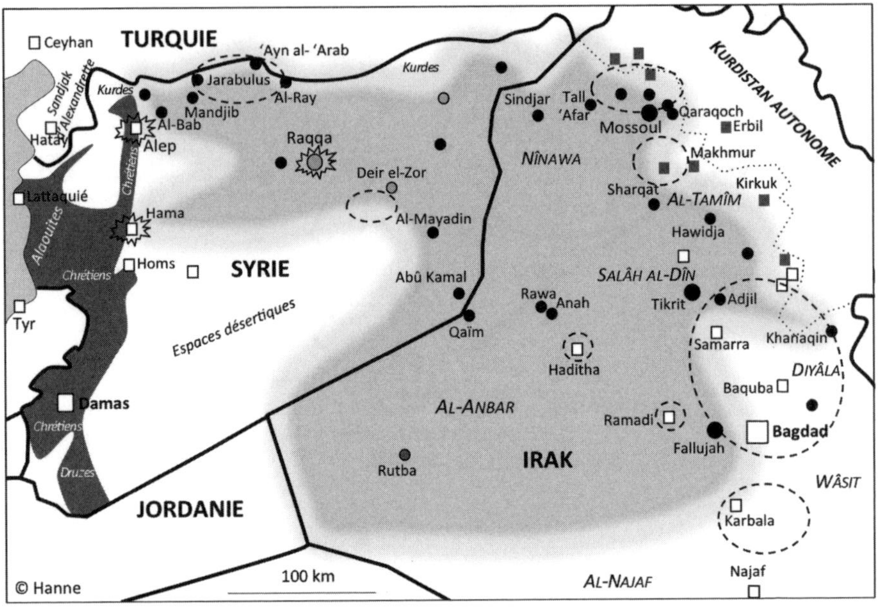


- Le territoire de l'Etat islamique au 1er octobre 2014
- Localités sous contrôle de l'EI
- Localités partagées avec d'autres mouvements djihadistes
- Localités contrôlées par les Peshmergas
- Localités contrôlées par les armées irakiennes
- Zones de combats ou d'attentats de l'EI
- Affrontements entre djihadistes
- Espace tenu par Bachar al-Assad

(Carte réalisée à partir des informations de l'*Institute for the Study of War*)

puisque le mouvement venait d'être temporairement chassé de la province sunnite d'al-Anbar par les tribus[1].

Un retournement s'opère en juillet 2013, lorsque Daesh lance une campagne de terreur baptisée *Destruction des frontières*[2]. Al-Baghdâdî lui fixe trois objectifs : libérer les prisonniers, gagner des territoires territoires le long de l'axe majeur central du pays, et « briser les Safavides », référence à une dynastie iranienne, manière de désigner le gouvernement de Nûri al-Mâliki. Le 23 juillet, plus d'une vingtaine de cités connaissent une journée sanglante d'attentats coordonnés avec des voitures piégées (115 morts). Le 16 août puis le 9 septembre, ce sont encore plus d'une centaine de personnes qui trouvent la mort. La région concernée est toujours le nord de Bagdad et l'espace frontalier avec le Kurdistan, le long de la fracture ethnique. L'enjeu est la domination des marges de l'espace sunnite. Les provinces d'al-Anbar et de Ninive sont épargnées parce qu'elles sont probablement déjà sous influence de Daesh. Situées le long de la frontière syrienne, c'est par ces deux provinces que l'EIIL assure le transfert de ses armes depuis la Syrie et la ville de Raqqa qu'il contrôle. Toutefois, en septembre, l'EIIL parvient à quitter la zone sunnite pour déclencher trois attentats en plein espace shiite, vers le sud. Les capacités du groupe se sont accrues très rapidement.

Le 19 mars 2013, l'EIIL revendique un attentat qui

1. Brian Fishman, « Redefining the Islamic State », New America Foundation, août 2011.

2. Sam Wyer, « The Islamic State of Iraq and the Destroying the Walls campaign », Institute for the Study of War, 21 septembre 2013.

fait une centaine de morts à Bagdad chez des shiites. L'armée irakienne lance en mai une vaste opération de sécurisation de la frontière syro-jordanienne, de toute évidence pour empêcher les contacts entre les groupes composant Daesh. En décembre, la province d'al-Anbar est à son tour touchée par une série d'attentats et d'enlèvements, visant notamment l'armée loyaliste qu'il faut briser par la terreur. Les actions de l'EIIL se concentrent désormais sur les civils shiites de la partie sud et de Bagdad, ainsi que sur les forces gouvernementales de la zone sunnite centrale, afin de déstabiliser cette région et préparer l'invasion. Le 30 décembre 2013, la ville de Falloujah tombe aux mains de l'EIIL, allié aux islamistes révolutionnaires de la région d'al-Anbar et avec la complicité des tribus. C'est la première ville de cette importance – plus de 300 000 habitants – à basculer.

Si l'armée irakienne reçoit le soutien matériel des États-Unis (drônes, renseignement, hélicoptères), en revanche les troupes sont largement démotivées et moins aguerries que celles de l'EIIL dont la détermination est totale[1]. Le raid djihadiste sur Ramadi échoue en janvier, mais Falloujah reste dans le giron de Daesh. En quelques semaines, ces succès permettent l'arrivée de nouveaux djihadistes dans les rangs du groupe qui est désormais capable de lancer de véritables offensives militaires avec

1. « La loyauté et le patriotisme des soldats d'une armée sont plus importants que son armement. C'est ce qui explique pourquoi les soldats n'étaient pas prêts à se sacrifier pour un régime corrompu qui ne défend que ses intérêts et qui a encouragé l'émergence de l'extrémisme… Le malaise de l'armée irakienne est en premier lieu politique », général 'Abd al-Moneim al-Saïd, *Al-Ahram Hebdo*, 25 juin 2014.

des armes lourdes, des pick-up et même des chars pris en Syrie et dans des bases militaires de l'armée irakienne. En revanche, ils ne disposent d'aucun aéronef. Les capacités de Daesh sont décuplées et ses combattants peuvent désormais attaquer en même temps sur plusieurs fronts.

En juin 2014, Ramadi et Samarra sont tenues pendant quelques jours et Mossoul est directement menacée. Entre le 6 et le 10 juin, la grande cité d'un million et demi d'habitants tombe et avec elle l'ensemble de la province de Ninive. Les forces gouvernementales auraient fui sans même combattre, sans doute en raison de leur caractère majoritairement shiite. Les officiers sunnites, eux, ont déjà fait leur choix et laissent à l'EIIL l'initiative tactique. Le gigantesque attentat d'un camion-citerne lancé contre le QG de l'armée à Mossoul a paralysé celle-ci et son plan de contre-attaque. 500 000 civils fuient dans la panique vers le nord, espérant trouver refuge dans le Kurdistan[1].

La poursuite de l'avancée djihadiste dans la partie sunnite ne fait aucune difficulté en raison des ralliements massifs ou tacites des tribus[2]. Les villes tombent les unes après les autres dès le mois de juin : la ville pétrolière de Baydji, Tall Afar, al-Awja, Tikrit où 1 700 shiites auraient été exécutés. Mais l'EIIL butte encore sur Samarra et doit céder Mouatassam et Ishaqi. Le 13 juin, profitant de la décrépitude des troupes gouvernementales, les Peshmergas – les soldats du Kurdistan – prennent le

1. Cécile Hennion, « Après la prise de Mossoul par les djihadistes, l'Irak est au bord de l'implosion », *Le Monde,* 11 juin 2014.

2. On compte toutefois 280 morts dans ses rangs pour la seule journée du 14 juin 2014 selon le porte-parole d'al-Mâliki (AFP).

contrôle de Kirkouk. Le gouvernement de Bagdad doit appeler la Russie et les États-Unis à l'aide, qui se contentent de frappes aériennes et de l'envoi de forces spéciales pour protéger les intérêts américains les plus directement menacés. Mais les exactions de l'armée irakienne font plus de mal à l'unité du pays que ses défaites militaires : des centaines de prisonniers auraient été exécutés à Hilla en juin 2014. Côté djihadiste, l'avancée continue : Rawa et Rutba, al-Qaïm et Rabia qui constituent deux clés vers la Syrie. Daesh peut désormais aller et venir à sa guise entre les deux pays. Enfin, le 29 juin, l'EIIL opère sa mue symbolique : le Califat est rétabli et le nouveau nom de l'organisation et de son territoire devient l'*État islamique*. Al-Baghdâdî demande alors à ses hommes « de ramper jusqu'à Bagdad » !

Pendant encore tout le mois de juillet, Daesh parvient à dominer la situation, même si son avance marque le pas. Le 8 juillet, un dépôt d'armes chimiques est pris (Reuters). Bagdad n'est plus qu'à une cinquantaine de kilomètres. La capitale et sa périphérie connaissent une recrudescence d'attentats anti-shiites. À la fin juillet, en attaquant Jûrf al-Sakhr, au sud de Bagdad, les islamistes tentent d'encercler la capitale afin de la couper du Bas-Irak shiite et ainsi de ses bases de renfort (Kerbala, Basra).

Le mois d'août voit la fin des succès de l'EI vers le sud. L'ayatollah 'Alî al-Sistani, la plus haute autorité shiite d'Irak, en appelle le 17 juin 2014 à barrer la route aux djihadistes, déclenchant un mouvement enthousiaste d'enrôlement dans les milices confessionnelles (AFP,

IRIB). Tikrit est en partie libérée. Ayant atteint l'extrême limite des territoires sunnites, Daesh ne peut plus compter sur le ralliement des tribus et doit, au contraire, affronter pied à pied les milices shiites et l'armée irakienne. Bagdad, majoritairement shiite, ne tombera pas. L'EI perd l'espoir d'accéder aux vastes champs pétrolifères de la capitale, dont il a cruellement besoin pour pérenniser son financement[1].

Bloqué au sud – et semble-t-il définitivement –, Daesh opère alors un retournement tactique début août et reprend l'offensive sur sa frontière nord. Il affronte ici les combattants kurdes, tout d'abord vaincus à Zoumar et Sinjâr[2]. D'autres villes tombent : Karamlesh et Qarqosh, majoritairement chrétienne. Mais entre les terres sunnites passées sous contrôle de l'État islamique et le Kurdistan autonome vivent entre le marteau et l'enclume une partie des minorités chrétiennes et yézidies du pays. Fuyant Kocho et Sinjâr, plus de 30 000 personnes, surtout yézidies, se retrouvent bloquées dans les montagnes environnantes, démunies, sans eau, menacées de mort ou d'enlèvement pour les femmes[3]. Sur des routes écrasées de soleil, des milliers de familles se traînent jusqu'aux territoires des Peshmergas. La haine envers ces

1. Maha Salem, « Les djihadistes en Iraq toujours aussi puissants », *Al-Ahram Hebdo,* 27 août 2014.

2. Dès juin, les Kurdes et les Turkmènes reculent à Tazeh : « Les djihadistes sont arrivés sur trois fronts, en voitures ou avec des blindés légers. Ils tiraient à coup de mitrailleuses lourdes, des roquettes, des mortiers », raconte un témoin, *cf.* Samuel Forey, « Sur la frontière entre tribus d'Irak et Kurdes », *Le Figaro,* 22 juin 2014.

3. Le *Huffington Post.fr,* 16 août 2014 : « Irak : un nouveau massacre perpétré contre les Yazidis attribué à l'État Islamique ».

« adorateurs du Diable » promet un massacre inévitable. Le 6 août, plus de 100 000 civils, essentiellement chrétiens, fuient Qaraqoch et sa périphérie, ne laissant sur place que des vieillards incapables de se déplacer. Le jour même, la contre-offensive kurde, soutenue par des forces kurdes venues de Turquie et de Syrie, libère l'étau, mais les fuyards continuent d'affluer vers le Kurdistan qui contraint les civils à abandonner leurs véhicules pour continuer à pied. À l'appel du gouvernement de Bagdad, les États-Unis décident d'entrer en action en frappant les djihadistes. Les Kurdes reprennent bientôt le barrage de Mossoul, grâce à quelque 180 frappes aériennes américaines, puis d'autres localités secondaires au sud d'Erbil. La fin du mois d'août confirme le recul djihadiste au nord. Dans le centre, la ville d'Amerli est libérée du siège qu'elle subissait depuis plusieurs semaines.

À compter de septembre, les opérations terrestres diminuent d'intensité et chacun campe sur ses positions. Les frappes des États-Unis, bientôt accompagnées par l'aviation française, s'attaquent de part et d'autre de la frontière syro-irakienne aux centres de commandement repérables, aux axes de communication, aux puits de pétrole et aux têtes de Daesh. Rien ne filtre d'éventuels « dégâts collatéraux » dont les images pourraient être calamiteuses sur le plan médiatique[1]. Le 11, les États-Unis annoncent à Djeddah, en Arabie Saoudite, la

1. À titre indicatif, les frappes sur la Syrie dans la nuit du 24 au 25 septembre auraient fait 15 morts chez les djihadistes et 5 chez les civils, ratio particulièrement morbide pour la population, *cf. Ria Novosti*, 26 septembre 2014.

constitution d'une coalition de 25 pays contre Daesh, tandis que leur aviation continue ses bombardements, sans illusion sur leur efficacité puisque les djihadistes se mêlent en permanence aux populations urbaines. Un symbole toutefois : le 19 septembre, alors que deux Rafale français détruisent un dépôt logistique de l'EI dans la région de Mossoul, soixante villages kurdes de Syrie passent sous contrôle de Daesh près de 'Aïn al-'Arab, au nord-est du pays, entraînant des milliers de Kurdes à trouver refuge en Turquie[1]. Les frappes aériennes ont d'ores et déjà une efficacité contestable[2]. Plus encore, les États-Unis s'attaquent depuis le 23 septembre aux espaces tenus par l'organisation en Syrie, notamment Raqqa, mais ce débordement des opérations hors d'Irak suscite l'hostilité de la Chine, de l'Iran et de la Russie pour lesquels il n'était pas question d'aller en Syrie et d'y menacer le régime[3].

L'État islamique s'inscrit désormais dans la durée. Soutenu par la majorité des tribus sunnites, perçu comme un mouvement de résistance victime d'un vaste

1. AFP-*Libération-La Croix,* 19 septembre 2014 ; Jérôme Bastion, « Des milliers de Kurdes syriens forcent la frontière de la Turquie », RFI, 20 septembre 2014. Un nettoyage ethnique commence dès le 21 septembre. La prise de 'Aïn al-'Arab, assiégée depuis trois mois, donnerait à l'EI une ville clé à la frontière avec la Turquie.

2. Le rapport de situation en Irak de l'Institute for the Study of War pour les 23 et 24septembre montre que, malgré les bombardements, l'EI est parvenue à lancer des attaques près de Tikrit, à Kirkouk (contre des tribus sunnites hostiles), dans plusieurs localités au nord de Bagdad, dans la capitale et dans la province de Salah al-Dîn. Le rapport des 25-26 septembre assure que l'EI a failli prendre Ramadi.

3. Par exemple, les frappes sur Homs évoquées par l'*Observatoire syrien des droits de l'Homme* ne ciblaient pas l'EI, presque absent ici (France 24-AFP, 27 septembre 2014).

plan d'élimination orchestré par les États-Unis, l'EI n'a, à cette heure, pas perdu ses alliés malgré la fragilité de leurs points d'accord. L'étatisation du djihadisme, outil d'une certaine revanche religieuse pour les uns, nationale pour les autres, est devenue une réalité incontournable.

## CARTE DES OBJECTIFS TERRITORIAUX DE L'ÉTAT ISLAMIQUE

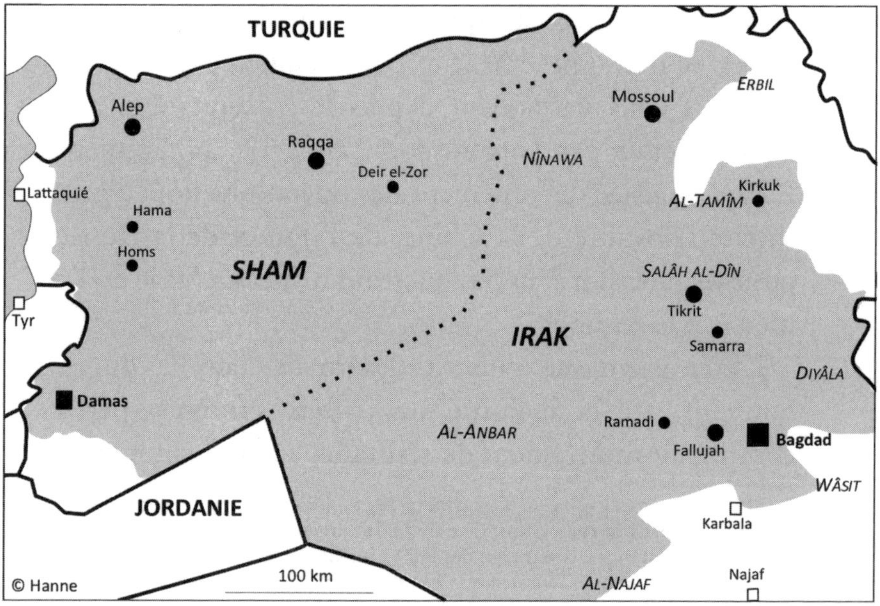


Objectifs territoriaux de Daesh à moyen terme et suppression de la frontière syro-irakienne.

# Le Califat islamique : dynamiques d'un proto-État

Depuis ses bases syriennes jusqu'à son installation foudroyante dans le nord de l'Irak durant l'été 2014, Daesh a posé les fondements d'un proto-État, avec son administration, sa population, son territoire, son idéologie et ses méthodes répressives. S'il parvient à se pérenniser, malgré ses puissants ennemis et la fidélité incertaine des tribus sunnites, Daesh pourra quitter le stade du proto-État pour éclore enfin comme le premier système totalitaire islamique de l'époque contemporaine. Toutefois, derrière la théorie rigoriste et implacable, les dynamiques actuelles de l'EI dépassent le cadre purement religieux et se colorent d'enjeux très matériels et politiques.

## LA RÉSURGENCE DU CALIFAT : LA MÉMOIRE À FLEUR DE PEAU

« Lors d'une réunion, le conseil de l'État islamique a décidé d'annoncer l'établissement du Califat islamique et de désigner le shaykh djihadiste al-Baghdâdî calife des musulmans… Croyants, obéissez à votre calife et soutenez votre État qui devient plus fort de jour en jour grâce à Dieu… Vous n'avez aucune excuse pour ne pas soutenir ou vous rallier à ce calife, car le calife Ibrâhîm – que Dieu le garde – a parfaitement réuni toutes les conditions exigées par les maîtres pour le Califat… Rejetez la démocratie, la laïcité, le nationalisme et autres ordures de l'Occident. L'Occident et l'Orient se soumettront à vous. »

Abû Muhammad al-Adnânî,
porte-parole de Daesh[1].

La proclamation du Califat, de même que la foudroyante réussite des membres de l'EI, apparaît comme la victoire enfin advenue des populations arabes sunnites, vaincues depuis cinq siècles. Cet avènement a une éminente valeur morale, spirituelle et mémorielle pour les affidés de Daesh.

À la mort du prophète Muhammad, en 632, se pose la question terrible de savoir qui peut, non pas le remplacer, mais lui succéder. Les élites musulmanes reconnaissent très vite son meilleur ami et parent, Abû Bakr, qui prend le titre de *khalifa*, « successeur ». Et le nouveau guide de l'islam de déclarer : « Ô hommes ! Je suis devenu votre souverain, mais je ne suis pas le meilleur d'entre vous. Si je me conduis bien, aidez-moi. Si je me conduis mal, rectifiez-moi… Levez-vous pour faire vos prières. Que Dieu vous accorde sa miséricorde. » Ce discours est identique à celui prononcé par al-Baghdâdî le 4 juillet dans la mosquée de Mossoul, signe de l'imprégnation

1. Al-Furqân Media, 29 juin 2014.

permanente de l'histoire musulmane chez les membres de Daesh :

> « Allah a soutenu [vos frères] et leur a donné le califat pour réaliser leur objectif, alors ils se sont empressés de proclamer le califat et de nommer un imâm. Et ceci est une obligation pour les musulmans, une obligation qui a été délaissée très longtemps… J'ai été désigné pour vous diriger, mais je ne suis pas meilleur que vous. Si vous voyez que j'ai raison, alors soutenez-moi, et si vous voyez que j'ai tort, alors conseillez-moi et remettez-moi sur le droit chemin »[1].

Abû Bakr reste calife jusqu'en 634, le temps de réprimer les révoltes. Très vite après sa mort, les musulmans se divisent entre sunnites et shiites ; c'est la *fitna*, la rupture inacceptable de la communauté. Les califes suivants, bien qu'issus des clans de La Mecque, ne parviennent pas à rétablir l'unité de l'islam, définitivement brisée[2].

De 661 à 749, la dynastie des Umayyades établit à Damas son califat. C'est la première *dawla*, notion qui recoupe à la fois l'État et la dynastie. Le nom même d'État islamique est la traduction de *dawla al-islâmiya*. L'ambition est donc de créer une dynastie ou, à tout le moins, une succession durable de califes. Mais les princes umayyades ont la réputation de négliger la piété et d'être surtout assoiffés de conquêtes et de luxe. Entre leurs mains, le califat est puissant mais

1. http://www.youtube.com/watch?v=2oiKPnrDEZU.

2. Olivier Hanne, *Mahomet, le lecteur divin,* Belin, 2012, p. 9-12.

# CARTE DE L'EXTENSION DE L'ISLAM ABBASSIDE

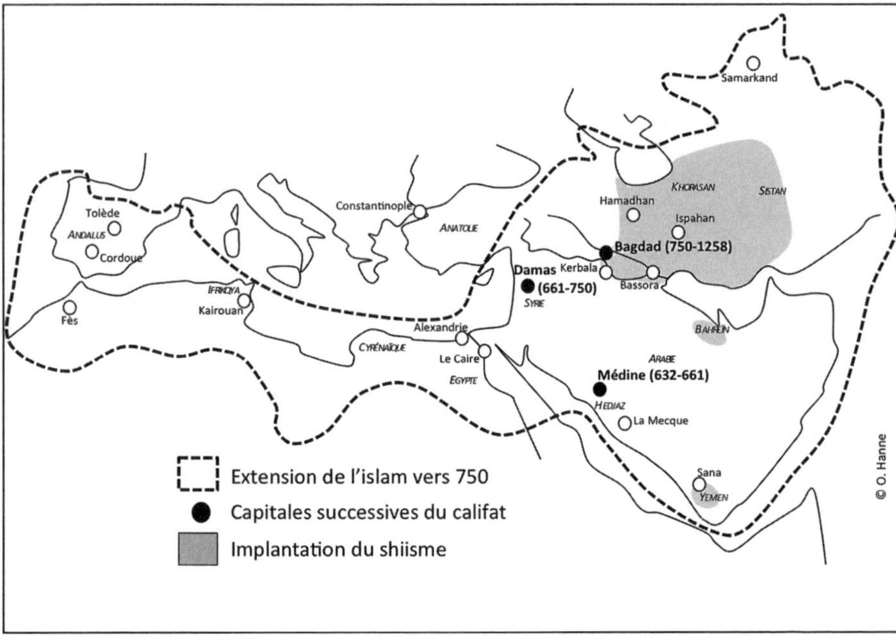

séculier. Une révolution de palais en 750 installe un nouveau pouvoir : les Abbassides, dont le règne va perdurer jusqu'au XIIIe siècle. La dynastie est pieuse et se pare de titres prestigieux et religieux : *al-Mansûr* (« le Victorieux »), *al-Mahdî* (« le Bien Guidé »), et surtout celui d'*imâm*, le chef spirituel qui dirige la prière du vendredi. Les califes se font dès lors les promoteurs du sunnisme orthodoxe et de la *sharî'a*, la loi islamique. C'est l'apogée de l'islam comme empire et comme religion épurée de ses scories. Les soldats de l'EI sont imprégnés de ce modèle médiéval. Mais l'invasion mongole renverse les Abbassides lors de la prise de Bagdad en 1258, qui entraîne avec elle la disparition du titre califal. Les Ottomans essayèrent de se parer du titre dès le XVIe siècle, mais ils ne purent en retrouver le lustre et le prestige en raison de leurs accommodements religieux, si bien que lorsque le califat fut officiellement aboli le 3 mars 1924, il n'existait déjà plus dans les faits depuis le Moyen Âge[1].

La résurgence du titre califal par l'État islamique est plus qu'un rappel, elle est un programme d'action politique et une légitimation religieuse. Car dans la tradition des IXe-XIIe siècles, le califat se définit par opposition à la *djâhiliyya*, la barbarie anté-islamique qui perdure chez les peuples non musulmans, et même au sein de l'islam, notamment chez les *zindîk*, les « hérétiques » shiites. En tant que vicaire du prophète, le calife a une autorité à la

1. Le dernier calife ottoman fut 'Abd al-Madjid, mais ses pouvoirs furent abolis à la demande de Mustapha Kemal.

fois politique et religieuse, comme le rappelle la formule : « Le pouvoir (*sultân*) et la religion (*dîn*) sont deux frères et aucun ne peut se passer de l'autre ». Obéissant au Coran, le calife doit « commander le bien et interdire le mal ». Il lutte contre la *fitna*, en l'occurrence la division des musulmans opérée par les États-Unis, les shiites et les juifs. Sa première tâche est de défendre « les droits de Dieu et les droits des hommes ». Le calife ne peut donc être un despote, mais doit imiter Muhammad qui fut d'abord un *hakam* (un « arbitre »)[1].

Bien guidé, le calife, « ombre de Dieu sur terre » selon la tradition, exige toutefois une allégeance inconditionnelle, manifestée au cours d'une prestation collective de serment, la *bay'a*, à laquelle n'ont pas manqué de procéder les hommes de l'EI dans les villes qu'ils contrôlaient. Ainsi, dans la mosquée al-Furdus de Raqqa, un propagandiste s'adresse à la foule réunie le vendredi :

> « Votre calife est un descendant du prophète, or nous devons aimer la famille du prophète, nous devons le soutenir par notre argent, par le sacrifice de nos vies et par tout ce que nous pourrons faire. Au nom de Dieu le Miséricordieux, jurons-lui notre allégeance !
>
> Et les fidèles de répondre :
>
> – Nous jurons !

1. Sur tous ces aspects historiques, voir notamment Denise Aigle, « La conception du pouvoir en islam. Miroirs des princes persans et théories sunnites (XIe-XIVe siècles) », *Perspectives médiévales*, 31, 2007, p. 17-44 ; Makram Abbès, *Islam et politique à l'âge classique*, PUF, 2009.

– Au commandeur des croyants ! reprend l'homme.
– Au commandeur des croyants !
– Et au calife des musulmans !
– Et au calife des musulmans !
– Abû Bakr al-Qurayshi !
– Abû Bakr al-Qurayshi !
– *Takbîr*! lance enfin trois fois le combattant, appelant à proclamer la grandeur de Dieu.
– *Allah Akbar* (« Dieu est le plus grand ») ! » reprend alors trois fois la foule[1].

L'obéissance est une exigence coranique[2] et le musulman doit obligatoirement se battre sous l'égide d'un souverain. Sans obéissance, la communauté verse dans l'anarchie, qui est la terreur des régimes islamistes, bien qu'ils la provoquent eux-mêmes : « Cent ans de tyrannie d'un sultan font moins de dégâts qu'un an de tyrannie de ses sujets les uns envers les autres », écrit le lettré al-Ghazâlî, mort en 1111.

Dans ses *Statuts gouvernementaux*, Abû al-Hasan al-Mâwardî (mort en 1058) a développé une théorie califale reprise unanimement par tous les groupes islamistes, jusqu'en Irak. Ce document constitue aujourd'hui la charte de gouvernement de l'EI (traduction Fagnan) :

1. Reportage de *Vice News, The Spread of the Caliphate, the Islamic State,* août 2014.

2. « Obéissez à ceux qui parmi vous détiennent le commandement » (Sourate 4, 59). Les érudits musulmans confirment ces dispositions : « Il est formellement interdit au musulman de s'insurger contre les autorités... Le musulman est tenu de participer à la guerre sainte à leur côté », *cf.* Aboubaker Djaber Eldjazaïri, *La voie du musulman,* ASLM Éditions, 1986, p. 88. Cet ouvrage, qui professe un islam rigoriste et la promotion du djihâd, est en vente libre dans toute l'Europe.

« L'institution de l'imâm a pour raison d'être qu'il supplée le message prophétique pour la sauvegarde de la religion et l'administration des intérêts terrestres... Son nom de calife lui vient de ce qu'il succède au Prophète Muhammad à la tête de son peuple, et l'on peut par suite s'adresser à lui en disant, d'une manière générale, « ô Calife du Prophète d'Allah, » et aussi l'appeler tout simplement le Calife... [Parmi ses devoirs figurent notamment :] Maintenir la religion selon les principes fixés et ce qu'a établi l'accord des plus anciens musulmans... Protéger les pays d'Islam et en faire respecter les abords... Combattre ceux qui, après y avoir été invités, se refusent à embrasser l'Islam, jusqu'à ce qu'ils se convertissent ou deviennent tributaires, à cette fin d'établir les droits d'Allah en leur donnant la supériorité sur toute autre religion. »

## ABÛ BAKR AL-BAGHDÂDÎ À LA TÊTE DU MOUVEMENT

Le vendredi 4 juillet 2014, jour de la grande prière, Abû Bakr al-Baghdâdî, calife de l'État Islamique, monte les marches du *minbar* – la chaire à prêcher – de la grande mosquée de Mossoul et demande aux musulmans de se rallier à lui. Reprenant la tradition prophétique et abbasside, on le voit diriger la prière, exhorter à la piété durant le mois de ramadan avant de procéder à la *bay'a*.

Al-Baghdâdî, surnommé « le fantôme » (*al-shabah*), est connu pour sa grande discrétion. Numéro trois de la liste des terroristes les plus recherchés par les États-Unis, sa tête fut mise à prix pour 10 millions de dollars. Sa biographie est particulièrement douteuse, puisqu'il l'a entièrement réécrite pour se donner une ascendance noble et pieuse, ainsi que des liens avec les tribus de La Mecque, dont les Quraysh d'où descend le prophète. Irakien né en 1971 à Samarra, il se nommait Ibrâhîm Awwad Ibrâhîm 'Alî al-Badri. Prétendant avoir suivi des études dans les sciences islamiques à l'université d'Adhamiyah, près de Bagdad, il devient mufti à Falloujah. Son parcours est initialement celui d'un jeune religieux, mais l'invasion américaine de 2003 le fait basculer dans la résistance armée[1]. Il occupe des postes à responsabilité, ayant notamment en charge les filières de recrutement. Déjà repéré par l'armée américaine, il est la cible d'une frappe aérienne en octobre 2005 et se fait arrêter la même année. Maintenu en détention, il se radicalise en prison et noue des contacts avec des proches du groupe d'Abû 'Umar. Sa libération en 2009 suscite bien des interrogations : pourquoi laisser partir un personnage déjà réputé comme dangereux ? Était-ce un geste d'apaisement du gouvernement ? Les États-Unis voulaient-ils s'en servir en Syrie contre al-Assad ? Une fois libéré, il entre au service de l'*État islamique en Irak*, dont il est désigné comme émir à la mort d'Abû 'Umar, en mai 2010. Ses premières opérations d'envergure se font en Syrie : à Raqqa en avril 2013, à Alep en juin, à Salqin et Jarablûs en août où il combat les Kurdes et le régime syrien. Il profite de ses déplacements pour recruter

1. Jean-Pierre Perrin, « Al-Baghdadi, jihadiste invisible », *Libération*, 13 juin 2014.

des djihadistes et nouer des contacts avec des groupes autonomes, notamment *Djaysh al-Muhâjirîn wa Ansar*. Mais son but est le retour en Irak.

Son érudition religieuse, sa piété et surtout son intransigeance font de lui un redoutable leader. Intraitable dans ses actes, il empreinte aux chroniques médiévales les actes de cruauté qu'on lui prête et qui sont la marque des anciens califes : crucifixion d'opposants, lapidation d'une femme pour avoir ouvert un compte Facebook, exécution devant ses parents d'un adolescent s'amusant à se moquer du prophète. L'homme cultive aussi le secret, qui lui évite les frappes aériennes, mais surtout parce que le calife abbasside vivait dissimulé aux yeux du monde, caché derrière un voile lors des cérémonies publiques. Il vit dans sa résidence, faisant office de palais (un bunker ?), isolé de ses troupes et des émirs auxquels il donne une pleine délégation de pouvoir. Le mystère du successeur du prophète participe du même mystère que la toute-puissance divine. Comme les Abbassides, il n'apparaîtra que pour les grandes fêtes religieuses et lors du prêche du vendredi.

Depuis le 29 juin, l'homme se fait appeler « le calife Ibrâhîm », qui est son vrai prénom et une référence prestigieuse au père des croyants, Abraham, vénéré dans le Coran. Chacun de ses titres rappelle l'histoire islamique : il est l'*amîr al-mu'minîn*, le « commandeur des croyants », qui était le *laqab* abbasside, c'est-à-dire leur titre honorifique. Comme tous les djihadistes, il changea son prénom d'origine en un laqab de guerre, *Abû*

*Bakr*, nom du premier calife après la mort du pr
Il y accola son origine géographique : *al-Baghdâdî*, « le Bagdadien », pour conforter son appartenance irakienne et parce que nombre de ses lieutenants sont des Syriens ou des étrangers. Il y ajoute désormais son appartenance dynastique : *al-Qurayshî*, « le Kouraïche », nom de la tribu de La Mecque au temps de Muhammad. Or, les Quraysh ont toujours été considérés dans la tradition musulmane comme les seuls groupes ethniques et familiaux à pouvoir revendiquer le califat. En se proclamant issu de la tribu du prophète – allégation impossible à vérifier –, al-Baghdâdî légitime son accès au pouvoir suprême. Son laqab complet est déjà une prédication audacieuse.

Dans ses *Statuts gouvernementaux*, al-Mâwardî précisait :

> « Les conditions qu'il y a lieu d'exiger de ceux qui sont susceptibles de devenir imâms [synonyme de calife] sont au nombre de sept : l'honorabilité avec toutes ses exigences ; la science… ; l'intégrité physique ; un fonctionnement des membres tel qu'il ait parfaite possibilité de se mouvoir ; le jugement nécessaire pour administrer le peuple et expédier les affaires ; la bravoure et l'énergie nécessaires pour faire respecter le territoire musulman et pour combattre l'ennemi ; le lignage, c'est-à-dire qu'il doit descendre de Quraysh. »

Or la déclaration du 29 juin lue par le porte-parole de Daesh énumère chacun de ses points et montre que son maître en remplit toutes les conditions. Le califat représente plus qu'un symbole, mais la renaissance de l'islam. À cela, il faut ajouter l'usage de signes qui renforcent l'idée de succession : le turban noir (la *musâfiyya*) et le manteau noir (la *burda*), avec lesquels al-Baghdâdî apparut dans la mosquée de Mossoul, sont les attributs du prophète ; le doigt levé vers le ciel, comme le font tous les hommes de l'EI, indique la puissance de Dieu mais aussi la première lettre arabe du mot *Allah*[1].

Cette autorité inégalée, même par Ben Laden, lui a donné une telle assurance qu'il a demandé à al-Zawahiri, chef d'al-Qaïda, de lui prêter allégeance, ce qu'a refusé le vieil homme. De concurrentes qu'elles étaient, les deux entités sont aussitôt devenues ennemies irréconciliables. En voulant réunifier les musulmans, le calife Ibrâhîm a provoqué une nouvelle *fitna* au sein même de l'islamisme sunnite.

## LA REVANCHE SUNNITE SUR L'HISTOIRE

Revanche sur le gouvernement d'al-Mâliki, l'EI est plus encore une victoire sur le passé, qui a la valeur d'un don divin. Depuis l'effondrement du califat en 1258, le monde arabe sunnite semble avoir perdu la maîtrise de son destin. À partir du XIIIe siècle, la domination politique en islam échappe aux tribus et aux populations arabes au profit des Turcs seldjûqides, des Mongols

1. Ce geste a aussi été utilisé lors du Printemps arabe en Syrie et lors des révoltes sunnites dans la province irakienne d'al-Anbar. Il fut certainement réinterprété par l'EI.

ilkhâns, puis des Mamlûks et enfin des Turcs ottomans qui, à compter du XVI^e siècle, dominent les terres d'islam. Seuls au Maghreb de petits émirats restent sous contrôle de dynasties arabes (Hafsides de Tunisie, Marînides du Maroc), qui doivent toutefois partager leur influence avec les Berbères. Mais là aussi, l'occupation ottomane abat ces principautés dès 1517. À la fin du Moyen Âge, le monde sunnite arabe perd la maîtrise des trafics commerciaux et maritimes en Méditerranée au profit des ports européens. Les terres shiites d'Iran, en revanche, parviennent à conserver leur liberté et leur puissance économique.

La double humiliation par l'Occident et le monde shiite va profondément s'enraciner dans les mentalités, sans trouver aucun réconfort dans la puissance de l'empire turc, lui-même oppressif envers ses sujets arabes, et opportuniste en matière religieuse. Les Ottomans maintiennent toutefois la fiction du califat. Les attentats et enlèvements qui se multiplient à Bagdad en 2014 entre milices shiites et groupes sunnites rappellent les innombrables conflits inter-confessionnels du Moyen Âge décrits par le chroniqueur damascène al-Dhahabî (1274-1348)[1].

1. Par exemple : « [En 1090] Arrivant d'Egypte, les armées shiites lancèrent une nouvelle offensive et réduisirent Sidon Acre et Djubayl. Dans chacune de ces places, elles installèrent des gouverneurs représentant le calife shiite al-Mustansir. À Bagdad, l'épreuve de force entre sunnites et shiites s'intensifia, faisant de nombreuses victimes. Le préfet fut incapable de contrôler la situation. Les shiites bafouaient impunément le calife en raison de son attachement au sunnisme. Plus tard, redoublant d'activité, ils se livrèrent à toutes sortes de violences » (*Les dynasties de l'islam,* traduction A. Nègre).

Après la Première Guerre mondiale, le Proche Orient passe d'une colonisation à une autre, de l'hégémonie ottomane à celle des Britanniques et des Français. Appliquant les accords Sykes-Picot (*cf.* carte p. 32) noués pendant la guerre, les deux puissances partagent la région en zones de domination au traité de Sèvres (1920). L'empire ottoman est démantelé. On reconnaît toutefois l'indépendance de la péninsule arabique, sous l'autorité de Hussein ibn 'Alî, émir de La Mecque qui a aidé les Britanniques contre les armées turques. La Syrie et le Liban sont artificiellement créés et confiés au protectorat français. Mais les tribus syriennes sont frustrées de n'avoir pu accéder à l'indépendance et la France, qui affronte une forte opposition autonomiste, doit s'appuyer sur les divisions tribales pour maintenir son autorité.

Ce nouvel ordre trace des frontières qui désorganisent les anciens circuits de l'échange économique et social, interrompant les flux séculaires qui nourrissaient les réseaux urbains du Levant. La frontière avec l'Irak, sous mandat anglais, est taillée à la règle, cloisonnant ainsi les tribus. En raison de son importance stratégique pour la couronne britannique, tant par sa position sur les routes des Indes que pour ses ressources en hydrocarbures, l'Irak est maintenu sous tutelle. Fayçal, fils de l'émir Hussein ibn 'Alî, est placé à sa tête comme monarque, mais assisté d'administrateurs anglais[1]. Ce pays obtient pourtant son indépendance dès 1930, bien avant la Syrie (1944), mais

1. La constitution du pays, adoptée le 21 mars 1925, fut rédigée par le Foreign Office. A. Ayati, « L'Irak tel qu'il naquit », *Eurorient*, n° 11, 2002.

sa monarchie est soumise aux intérêts britanniques[1]. En 1932, l'avènement d'Ibn Séoud comme roi d'une Arabie unifiée, malgré son rigorisme religieux, n'aboutit à aucune rupture avec l'Occident, puisque le monarque confie les exploitations pétrolières aux compagnies américaines. En fin de compte, les sunnites ont le sentiment de n'avoir obtenu qu'une liberté de façade, d'être toujours les victimes d'une hégémonie étrangère et d'avoir été séparés par des lignes artificielles. Même l'islamisme saoudien se fait l'agent de cette décrépitude continuelle.

Les frontières issues de 1920 sont désavouées par Daesh, tout comme par les nationalistes pan-arabes et pan-sunnites formés dans le Parti Baas[2]. Ces mouvements et ces individus pourtant totalement distincts se retrouvent dans la volonté de réunifier des territoires qui ont été scindés par l'Occident. De fait, depuis la conquête arabe jusqu'aux Abbassides et aux Ottomans, Syrie et Irak ne formaient qu'un espace, certes régulièrement ébranlé par les troubles, les particularismes régionaux et les explosions religieuses, mais son unité linguistique, culturelle et politique demeurait. Marchands, oulémas,

1. Sur tous ces aspects historiques, on consultera utilement Vincent Cloarec, Henry Laurens, *Le Moyen Orient au XX$^e$ siècle*, Armand Colin, 2000, ainsi que les perspectives proposées par Gérard-François Dumont, « Histoire et géopolitique des territoires irakiens », *Géostratégiques*, n° 7, avril 2005, p. 25-35.

2. « En fait, les plus fort tenants de la stabilité des frontières de l'Irak sont les grandes puissances onusiennes qui savent que tout changement de frontières ouvrirait une boîte de Pandore. Le territoire irakien n'a donc guère de vecteurs endogènes de stabilisation, d'autant que l'histoire de ce jeune État n'a cessé de s'inscrire, depuis son indépendance en 1932, dans un contexte de fortes violences intérieures. », G.-F. Dumont, *op. cit.*, p. 34.

pèlerins, fidèles shiites et sunnites, sectateurs fanatiques ou paisibles nomades, tous pouvaient aller et venir dans le vaste espace arabe du Croissant fertile à peu près librement. En quelque sorte, l'État islamique ne nie pas l'histoire du Proche Orient, il s'y réfère et y retourne en permanence. En revanche, il veut clairement venger les affronts du XXe siècle et briser l'Irak centralisé créé après la Première Guerre mondiale. Le 29 juin 2014, un petit groupe dresse l'étendard de l'EI sur un poste-frontière entre Syrie et Irak, situé sur la ligne des accords de 1916, poste qui est bientôt rasé au bulldozer. « Ce n'est pas la première frontière que nous brisons, lance l'un des hommes, et ce ne sera pas la dernière, si Dieu veut »[1]. Nul ne doit diviser la *Umma*, la communauté de la *Sunna*[2]. Aucune frontière n'est absolue, aucune entité nationale ne l'emporte devant Dieu. Les ex-officiers baassistes ralliés à l'EI sont au moins d'accord sur cet effacement de la frontière post-coloniale[3].

L'humiliation sunnite se poursuit dans la seconde moitié du XXe siècle. En Syrie, le pouvoir politique est capturé par la minorité alaouite. Le développement économique de l'Occident est une insulte permanente et l'exploitation pétrolière sur place ne s'accompagne d'aucune redistribution des richesses. Le Proche Orient

1. Vidéo de propagande diffusée par al-Hayât Media Center, « The End of Sykes-Picot », 29 juin 2014.

2. « Grâce à Dieu, les pays des musulmans sont maintenant unis », se réjouit un Irakien à la chaîne *Vice News* fin juillet.

3. F. Burgat, R. Caillet, « Une guérilla islamiste ? », *op. cit.* ; Matthieu Karam, « Vers la fin des frontières de Sykes-Picot ? », *L'Orient, le Jour*, 23 juin 2014.

reste à la traîne d'une modernité qui lui est imposée de l'extérieur[1]. Côté irakien, la présidence de Saddam Hussein redonne un élan national et une fierté inégalée, notamment au cours de la guerre contre l'Iran (1980-1988) que tous les Irakiens proclament avoir gagnée. Mais la Guerre du Golfe en 1991 marque le coup d'arrêt aux espoirs d'une renaissance irakienne. L'embargo sur le pays, le programme « pétrole contre nourriture », les frappes américaines ciblées et la répression par le régime plongent l'Irak dans la misère et le sous-développement. Environ 150 000 enfants meurent de mal-nutrition entre 1991 et 2003.

Qui rendra aux sunnites leur fierté ? L'islamisme se présente dans les années 1990 comme une tentative de réponse. Mais les États rigoristes arabes déçoivent tous : l'Arabie Saoudite est alliée des États-Unis ; en Algérie, le Front islamique du Salut (FIS) est privé de sa victoire électorale en 1992 ; le Soudan est paralysé par la guerre avec le sud ; enfin, la Révolution iranienne de 1989 est d'abord shiite. Seul l'Afghanistan des Talibans et du mollah 'Umar fournit un modèle à suivre, mais les opérations américaines lancées en 2001 font échouer l'étatisation de l'islamisme. Oussama Ben Laden est l'unique figure de l'islam politique à demeurer intacte. Al-Baghdâdî, qui était très attaché au chef d'al-Qaïda, a juré de venger sa mort par cent attentats.

Avec l'invasion américaine en Irak (2003) et la

1. Gabriel Martinez-Gros, Lucette Valensi, *L'islam en dissidence. Genèse d'un affrontement,* Seuil, 2004.

marginalisation brutale des sunnites, la question d'une malédiction devient lancinante. Pourquoi la Umma est-elle encore plongée dans la *fitna* ? Ces échecs ne sont-ils pas une juste réponse à un manque de piété ? L'*asabiyya* des tribus d'Irak est-elle maudite par Dieu ? Pour juger une époque, tous les religieux et lettrés du Proche Orient connaissent et utilisent l'analyse de l'histoire développée au xv^e^ siècle par le Tunisien Ibn Khaldûn dans ses *Prolégomènes*. L'érudit associe deux concepts : l'*asabiyya*, qui est le principe de cohésion sociale et d'identité raciale et religieuse, notamment clanique, et le *mulk*, la souveraineté. Chaque dynastie ou chaque peuple s'implante sur un territoire, atteint son apogée puis se fragilise. Tout peuple qui s'appuie sur son *asabiyya* comme son moteur et sur la religion (notamment sur la shâri'a, principe de prospérité) tend vers le *mulk*, la puissance, jusqu'à se perdre dans le mélange, la vie urbaine, le luxe, l'injustice et donc le déclin ; il subit alors l'*asabiyya* d'un autre peuple. Juste ou fausse, peu importe, cette interprétation de l'histoire est exactement celle des hommes de Daesh : il est temps de redresser l'*asabiyya* du sunnisme arabe contre ses ennemis, en renonçant aux plaisirs, aux futilités, en appliquant à la lettre les exigences de la Sunna et en suivant les paroles du prophète à La Mecque et Médine. L'EI est ce grand retour vers les origines[1].

1. G. Martinez-Gros, L. Valensi, *op. cit.* ; l'humiliation des sunnites en Irak était d'autant plus forte qu'ils avaient été les créateurs de l'État irakien et ses principaux animateurs pendant 80 ans.

Pour les anciens baassistes, les musulmans modérés ou les laïcs, qui forment les cadres militaires actifs de Daesh, la nature califale du mouvement et sa mystique mémorielle paraissent secondaires. Ils l'acceptent cependant pour mieux promouvoir un néo-nationalisme arabe. Le djihadisme de l'organisation leur est soit indifférent, soit un mal nécessaire. Beaucoup n'y voient que des méthodes de résistance nationale et populaire, comme celles du Hamas en Palestine. Pour eux aussi, l'opportunisme politique l'emporte.

Enfin, la guerre contre al-Assad à partir de 2011 a mis en contact les sunnites d'Irak avec ceux de Syrie, les réseaux tribaux de solidarité ont été réactivés par-delà la frontière ainsi que les trafics et les déplacements Les sunnites irakiens ont vite adopté l'analyse de leurs cousins syriens contre l'autocratie de Bachar, opinion qui préparait leur adhésion aux groupes djihadistes se réclamant de la rébellion. De la même façon, la renaissance du lien tribal et religieux a pu habituer les esprits à l'abandon de l'idée d'État-nation centralisé comme l'était l'Irak, et à accepter de nouvelles formes administratives comme l'État islamique[1].

L'une des solutions majeures à la crise de 2014 est la prise en compte de ce nationalisme transétatique. Quand bien même Daesh serait abattue, diminuée ou son calife tué, le problème de l'*asabiyya* arabe sunnite resterait entier en Irak et en Syrie. Les bombardements occidentaux risquent au contraire de nourrir le processus

1. H. Dawod, « Les réactions irakiennes à la crise syrienne », *op. cit.*

d'humiliation-revanche, de souder un peu plus tous ces acteurs dont la fédération ne tient qu'à un fil.

## LA CULTURE DU DJIHADISME

De France, les exactions commises par l'EI contre ses ennemis paraissent stupéfiantes. Chaque vidéo diffusée par l'organisation n'est qu'une suite de massacres, de tortures, de mutilations, de déplacements de populations, d'exécutions au sabre, au couteau ou au fusil d'assaut. Sur ces images, on tire à vue sur n'importe qui, on plante des têtes tranchées sur les grilles d'un parc, on remercie Dieu pour l'explosion d'une église ou d'une mosquée. Le 1er mai 2014, sept personnes sont crucifiées à Raqqa, publiquement, devant les enfants et les passants qui prennent la scène en photo[1]. Début août, plusieurs centaines de civils yézidis désarmés sont victimes de tueries : les hommes et les garçons sont exécutés, les filles offertes en cadeaux à des combattants, battues, violées, forcées à la conversion[2]. Cette ultra-violence puise à de lointaines racines, car les djihadistes de l'EI vivent à travers des modèles anciens qui justifient chacun de leurs actes.

Personnage doux et quasi christique dans la première partie de sa vie, Muhammad (Mahomet), parce qu'il est persécuté à La Mecque, doit envisager de s'exiler. Il prend contact avec les habitants de Yathrib (Médine) qui l'invitent à s'installer dans leur oasis. C'est à partir

1. Rapport de l'ONU sur les exactions de l'EI, 16 septembre 2014.
2. Mohammad Salih, *Washington Post*, 10 septembre 2014.

de cet épisode que le Coran fixe l'autorisation de verser le sang en faveur de Dieu : « Permission est donnée de combattre à ceux qui combattent, parce qu'ils ont été lésés. En vérité, Dieu a pleine puissance pour les secourir » (sourate 22, verset 39). Les cibles potentielles sont toutes réunies sous le terme de *kafir* (pluriel : *kufar*), l'« infidèle », le dissimulateur qui cache ou modifie la vérité de Dieu, c'est-à-dire les païens, les chrétiens, les juifs, les musulmans fourbes[1]. Les hommes de l'EI usent et abusent de ce type de vision manichéenne du monde, qui oppose le bien et le mal, le « monde de l'islam » et le « monde de la guerre ».

Si la guerre est permise dès 622, Mahomet ne l'a pas encore expérimentée. Mais les difficultés économiques des Mecquois qui l'ont suivi à Médine vont l'obliger un an après son arrivée à se lancer dans des razzias de pillage afin de nourrir sa jeune communauté en exil. Le raid n'a aucun caractère négatif dans les sources musulmanes, et la plupart des récits d'expédition, les *maghâzî*, se terminent par la formule : « Il alla, il attaqua, il tua, il fit du butin et il revint indemne. » Il devient dès lors un chef de guerre, un *qâid* (« commandant »). En 623, il lance une dizaine de petites opérations militaires contre les Mecquois qui l'ont chassé. On ne compte encore que quelques dizaines d'hommes, jamais de morts et des blessés légers. Le but

1. « La notion de *takfîr* [« anathème », d'où est tiré le mot *kâfir*] permet effectivement de priver celui que l'on déclare mécréant des droits et des garanties inhérents à son appartenance à la collectivité et de le livrer ainsi à la violence légitime du groupe », François Burgat, « À propos du terrorisme islamique », *Maghreb Machreq*, n° 188, 2006, p. 12-13.

de ces raids est de capturer le bétail ennemi et d'effrayer les Mecquois. L'aspect religieux est secondaire.

Un épisode va toutefois accentuer la dimension sacrée de ces opérations. L'un des chefs musulmans revient d'un pillage à Nakhla durant le mois de Muharam, le mois sacré du pèlerinage. Furieux contre lui, Mahomet refuse sa part du butin. « Je ne vous ai pas ordonné de combattre durant le mois sacré ! » Mais le Coran vient défendre l'imprudent capitaine : « Ils t'interrogent sur le mois sacré et sur le fait de combattre durant celui-ci. Réponds : Combattre en ce mois est grave, mais écarter les hommes du sentier d'Allah, être infidèle envers lui et à la mosquée sacrée, en chasser ceux qui y sont, est plus grave encore devant Allah » (sourate 2, verset 217). Dieu accepte donc la profanation parce qu'elle entre dans la lutte contre les ennemis acharnés de l'islam. Rassuré, Mahomet procède alors au partage du butin, se réservant un cinquième du total. La razzia entre désormais légitimement dans son système de récompense des fidèles et d'extension de l'islam.

En 624, les expéditions contre les Mecquois deviennent systématiques et de plus en plus âpres, car seule la guerre permettra la reconquête de la Ka'ba. Mahomet quitte Médine avec plusieurs centaines de fidèles. Il rencontre les Mecquois durant la bataille de Badr, où les anges auraient combattu aux côtés des musulmans. Afin de commémorer sa victoire, Mahomet institue le jeûne du mois de Ramadân et promeut désormais la guerre sainte, laquelle ne fut plus seulement un djihâd défensif ou moral, mais bien une guerre contre les polythéistes de La Mecque. À compter de cette date, l'islam s'imprégna irrémédiablement de valeurs guerrières et conquérantes, lesquelles participèrent de l'identité musulmane.

La tradition valide les expéditions de Mahomet : « L'envoyé d'Allah se prépara pour faire la guerre, afin d'exécuter l'ordre que Dieu lui donna de faire le *djihâd* contre l'ennemi. » Or, le Coran évoque beaucoup moins la guerre (*harb*) que la notion de *djihâd*, qui désigne un « zèle » ou un « effort » en vue de faire triompher la cause de Dieu, non pas un acte de guerre, mais une application de chaque fidèle au service de la communauté. Mais peu à peu, le mot *djihâd* devient indissociable dans le Coran de l'expression : « Sentier d'Allah » (*Djihâd fî sabîl Allâh*), la voie de la guerre : « Quiconque émigre dans le Sentier d'Allah, trouve sur la terre de nombreux refuges et de l'abondance » (4, 100) ; « Combattez dans le chemin de Dieu ceux qui vous combattent... Combattez-les jusqu'à ce qu'il n'y ait plus de reniement (*fitna*) et que la religion (*dîn*) soit celle de Dieu » (2, 190-193). La sourate neuf définit le *djihâd* comme un combat sans merci contre tout *kafir*. Au cours du *djihâd*, les meurtres n'impliquent aucune valeur morale ni de réparation du sang. Toutefois cette guerre sacrée ne vise pas l'extermination, mais la victoire de Dieu par la soumission ou la conversion. Concernant les musulmans tués malgré leur bravoure et le soutien de Dieu, le Coran vient là aussi apporter la réponse à Mahomet en leur promettant les récompenses de l'au-delà (sourate 3, versets 169-172).

L'ambiguïté qui entourait le mot *djihâd* fut progressivement précisée à l'époque califale dans le sens du combat militaire et non de quelque effort moral ou spirituel. Son caractère obligatoire se renforça. Il devint une obligation personnelle de la communauté (*fard al-kifâya*) et non une obligation personnelle (*fard al-'ayn*), c'est-à-dire que la communauté doit s'appliquer au djihâd, mais non tous ses membres qui peuvent y contribuer simplement par des dons. Toutefois, si l'islam est attaqué, le djihâd s'impose à tous. Bien sûr, de nombreux auteurs musulmans spirituels ont au XX^e^ siècle assuré que le djihâd militaire était moins important que le djihâd intérieur (*al-djihâd al-kabîr*), qui est une lutte personnelle contre le péché. Mais le courant wahhabite saoudien et les salafismes algérien, taliban et syrien contestent cette lecture du djihâd.

Dans son prône du vendredi 4 juillet, le « calife Ibrâhîm » expliqua pourquoi le djihâd était indispensable, manière de justifier son accès au pouvoir, ses méthodes et de veiller au recrutement :

> « Les pires choses sont les nouveautés en religion, toute nouveauté est une innovation, toute innovation est un égarement… En ce mois (de ramadan) s'ouvre le marché du djihad. En effet le Prophète – sur lui la prière et le salut – y nouait les bannières et y mobilisait les armées pour lutter contre les incroyants… Il nous a ordonné de combattre ses ennemis et de faire le djihâd… Et Allah a accordé à vos frères, les soldats du djihâd, la victoire et leur a donné le Califat après

de longues années de djihâd, d'endurance et de lutte contre les ennemis d'Allah… Si vous saviez ce qu'il y a dans le djihâd comme récompense, dignité, haut rang et gloire dans cette vie et dans l'au-delà, personne d'entre vous ne délaisserait le djihâd ! »

Le personnage est parfaitement fidèle à la tradition médiévale sunnite[1]. Dans le recueil de hadiths compilé au IXe siècle par al-Bukhârî, un long chapitre est réservé aux règles du combat, le *Livre du djihad et du comportement militaire* : « J'ai demandé au prophète : quelle est l'œuvre la plus méritoire ? – C'est d'accomplir la prière à son heure ! dit-il – et puis ? lui dis-je – avoir égards aux parents, dit-il – Et puis ? ajoutai-je – Le djihâd pour la cause (sentier) de Dieu ! dit-il ». « Le Prophète dit : Sachez que le Paradis est sous l'ombre des épées ». Les hadiths dessinent une manière de faire la guerre imitée de celle de Mahomet, règles qui imprègnent tous les gestes des djihadistes d'aujourd'hui. On trouve ainsi de nombreux détails sur la manière de porter son arme, de la nettoyer, de se comporter avec l'ennemi, etc… Selon ces hadiths, tout parent doit souhaiter le djihâd pour ses enfants, mais ceux-ci doivent demander leur autorisation (sauf si ces parents sont des mécréants ou des *kufar*). Les femmes ne font pas le djihâd, mais plutôt le pèlerinage, toutefois elles peuvent accompagner les guerriers, les soigner, aider aux

1. « Appliquez-vous à remplir le précepte de guerre sainte… Il faut absolument que le souverain s'emploie chaque année à assaillir les territoires des infidèles et à les en chasser, ainsi qu'il est enjoint à tous les chefs musulmans, pour exalter dorénavant la parole de la Loi et abaisser celle des mécréants, enfin pour dissuader les ennemis de la religion de Dieu de désirer entreprendre de nouveau une telle expédition », écrit contre les croisés le savant damascène al-Sulami, *Traité de la guerre sainte* (1105).

préparatifs. Il n'est nullement question d'un « djihâd du sexe ».

Avant de commencer la guerre, il faut lancer à l'ennemi un appel à la soumission (*da'wa*) ; sa réponse négative autorise le djihâd. L'appel est une prévenance inutile envers les païens et les Yézidis. Chrétiens et juifs doivent être respectés s'ils se soumettent. On ne tue pas les femmes ni les enfants, mais on peut tuer un ennemi pendant son sommeil voire aussi un prisonnier, utiliser la ruse et le mensonge. Les hadiths ne disent rien sur le viol, mais autorisent à déshabiller (?) les chrétiennes, les juives et les mauvaises musulmanes. La sexualité devant entrer dans le cadre du *halâl* et du *harâm* (le licite et l'illicite), le musulman pieux ne peut théoriquement abuser des vaincues. En revanche, il a la possibilité de contracter une *mut'a*, un mariage temporaire, moyennant une somme prévue et pour une durée déterminée, de quelques jours à plusieurs semaines[1]. Des témoignages indiquent que c'est cette forme de viol encadré qui a été pratiquée sur les Yézidies. Sur le moment des combats, il faut se battre de préférence le matin et le soir. Après la bataille, il faut se laver le corps, aligner les cadavres des morts et prier. Le défunt est enseveli sans être nettoyé, dans son sang et sur place, car sa mort a valeur purificatrice. Enfin, il est recommandé de dire souvent *Allahu akbar* pendant les combats.

Toutes ces règles mises en place autour des VII^e^-X^e^ siècles sont appliquées avec scrupule par les djihadistes d'Irak et

1. Sh. Haeri, « Temporary Marriage », *Encylopaedia of the Qur'ân*, 5, 2006, p. 232-234.

de Syrie, les Kalachnikovs ayant toutefois remplacé les épées[1]. On nettoie son fusil comme on le faisait pour son sabre. On porte une barbe fournie, mais taillée, à l'image du prophète. Suivant les règles du rigoriste Ibn Taymiyya (1263-1328), dont les ouvrages sont disponibles sur les sites de Daesh, les musulmans sont tenus de s'équiper, de s'exercer au tir et leur abnégation doit aller jusqu'au martyre: « C'est dans le djihâd que l'on peut vivre et mourir dans un bonheur ultime... En fait, c'est la meilleure de toutes les morts ». Comme tous les mouvements terroristes, Daesh a une pratique courante de l'attentat-suicide, largement médiatisé par des vidéos exaltant le courage du combattant[2]. Les candidats au martyre ne manifestent aucune émotion ni crainte devant cette perspective, et espèrent surtout être dignes de cette mort. Toutefois, l'EI recourt aux attentats-suicides avec plus de pragmatisme qu'al-Qaïda en Irak. En effet, son but n'est pas la déstabilisation générale, mais l'implantation territoriale, si bien que les attentats se fixent plus souvent sur des cibles militaires, tandis qu'al-Qaïda cherche d'abord le nombre de victimes[3].

Malgré la précision des règles du djihâd, il semble que

1. Le philosophe marocain Abdou Filali-Ansary explique l'enjeu intellectuel de cet héritage djihadiste: « Sur le plan de la violence, tous les grands textes anciens sont à parité et parlent le même langage. Ils ne peuvent être changés, mais notre rapport à ces textes, lui, doit changer. D'autres y sont parvenus, comme l'Eglise catholique. » (*La Croix*, 22 août 2014; Annie Laurent, *Petite feuille verte,* édition spéciale, 15 septembre 2014).

2. Dominique Thomas de l'EHESS, interrogé par *Le Monde,* 16 juin 2014.

3. Jessica Lewis, « Al-Qaeda in Iraq Resurgent », Institute for the Study of War, septembre 2013.

de nombreux radicaux ignorent le respect des vaincus et des femmes. De jeunes français sont partis pour la Syrie et l'Irak sans l'autorisation de leurs parents. Daesh embrigade dans ses rangs et entraîne en Syrie des garçons de 13 ou 14 ans, alors que la limite fixée par la sharî'a est 18 ans. On se contente toutefois de les utiliser pour le transport des armes et la surveillance de sites. Quelques cas d'attentats-suicides par des adolescents ont été recensés[1].

Le viol et les trafics, largement répandus, ne sont nullement recommandés par les hadiths. Cependant, dès lors que le djihadiste considère son ennemi comme un *kafîr*, toutes les règles d'encadrement militaire s'effacent devant l'indispensable victoire de Dieu[2]. Or qui définit qui est *kafîr* ou pas ? Un radical peut légitimement considérer comme *kufar* des régimes islamistes, ainsi l'Arabie Saoudite alliée aux États-Unis, ou des musulmans indécis face à Daesh. Tout le monde est donc potentiellement un infidèle. Ainsi s'expliquent les atrocités commises contre les Turkmènes du nord, mais aussi contre des sunnites[3].

---

1. Leila Zerrougui, reponsable aux Nations Unis pour les enfants, 8 septembre 2014. Elle accuse les milices shiites de faire de même. Le 22 août 2014, 32 personnes ont été tuées dans l'attaque d'une mosquée sunnite dans la province de Diyala par des miliciens shiites. Avec le danger en août sur Bagdad, le nombre de milices financées par l'Iran s'est accru et l'armée irakienne est bien incapable de les encadrer toutes, « Des miliciens shiites rivalisent de barbarie avec l'EI », *France 24*, 10 septembre 2014.

2. A. Dj. Eldjazaïri, *La voie du musulman, op. cit.*, p. 368 : « Toute sorte de djihâd tend à proscrire toute autre adoration que celle de Dieu, l'Unique, à se dresser contre la violence et le mal, à sauvegarder la vie, les biens et l'équité, à généraliser le bien et à répandre la vertu ».

3. Donatella Rovera, Amnesty International, 13 septembre 2014.

Enfin, même les activités non religieuses des djihadistes actuels, comme la mise en esclavage, les raids purement opportunistes et les pillages peuvent être facilement justifiés par les premières expéditions de Mahomet qui n'avaient pas, non plus, de vocation sacrée. Les négociations et les accords sont totalement inutiles ou peuvent être aussitôt rompus, sans qualification morale. L'appartenance à une même communauté musulmane n'est nullement un facteur d'apaisement[1].

Ainsi, face aux traîtres à l'islam – les Kurdes, les shiites et les sunnites tièdes –, la seule piété devient une faiblesse. L'EI leur réserve la décapitation par le sabre car celle-ci leur interdit l'accès au Paradis où l'homme entre la tête la première. On tue non seulement la personne, mais on compromet aussi son salut. L'égorgement, quant à lui, présente le même caractère sacrificiel que le mouton tué pour l'Aïd al-Kabir. L'ennemi, réduit à l'état bestial, est offert en victime expiatoire.

## LE TERRORISME MÉDIATIQUE

Les succès de l'EI sont en partie liés à son savoir-faire médiatique, qui sert de relais au recrutement de ses membres et aux campagnes de terreur contre ses opposants en Irak et en Syrie. Cette maîtrise médiatique est héritée des vidéos de Ben Laden, ainsi que des enregistrements d'enlèvements ou d'opérations militaires tournés par l'Armée islamique d'Irak, autrefois liée à al-Qaïda.

Le 31 mars 2014, l'EI publiait son second « rapport

1. O. Hanne, T. Flichy, *Guerres à l'horizon, op. cit.*, p. 51-55.

d'activités» faisant un état précis des résultats de ses opérations : 10 000 actions revendiquées en Irak entre novembre 2012 et novembre 2013, 1 083 assassinats et 4 465 véhicules piégés[1]. La publicité des exactions constitue la partie la plus glaçante et la plus connue de la médiatisation de Daesh. En s'adressant à ses adversaires, l'organisation les discrédite et crée une terreur qui précède son action militaire. La fuite tragique de Mossoul des soldats de l'armée irakienne fut provoquée par une panique inspirée entre autres par ces vidéos. Les images du carnage de 1 700 soldats en juin 2014 ont fait le tour des réseaux sociaux. Auparavant, des centaines de soldats en sous-vêtements, les mains derrière la nuque et réduits à l'état de bétail, ont été filmé progressant pieds nus à travers le désert tandis que les soldats djihadistes les encerclaient et se moquaient d'eux. La population civile est également la cible de cette communication de terreur : des familles en déplacement sont abattues dans leur véhicule sans sommation ; des musulmans allongés, les mains liées, sont fusillés, le tout est entrecoupé de prêches, de citations du Coran et rythmé par des musiques quasi hollywoodiennes[2]. Les enregistrements de décapitation des journalistes anglais et américains enlevés, qu'il s'agisse de James Foley le 19 août ou de Steven Sotloff le 2 septembre, répondent à une théâtralisation de la mort en direct : le désert

1. Philippe Gelie, «La sinistre comptabilité de l'EIIL», *Le Figaro*, 18 juin 2014.

2. «Vidéo macabre de l'État islamique : la guerre psychologique en Irak», RTBF, 31 juillet 2014.

jaune-ocre à perte de vue, un djihadiste masqué habillé de noir, une victime à genoux en tunique orange ; les couleurs très contrastées créent une esthétique irréelle, sans émotion, le bourreau accomplissant son œuvre avec assurance et détachement. Le message est explicitement adressé aux États-Unis[1], et immédiatement reçu : nous irons jusqu'au bout… Après le sentiment d'horreur, le spectateur ne peut que s'interroger et douter de la capacité de l'Occident démocratique à lutter contre Daesh[2]. L'incrédulité précède l'indécision, qui est déjà un embryon de défaite.

Au-delà de la communication d'épouvante, l'ensemble des moyens médiatiques de Daesh appuie son message religieux. La mort des infidèles, l'élimination du vice à Raqqa ou Falloujah, la grandeur du message coranique, l'abnégation des guerriers de l'islam, toute l'action de Daesh est illustrée positivement afin d'emporter l'adhésion des musulmans, à grand renfort de citations des hadiths et des juristes de la Sunna. L'EI ne répugne pas à des opérations de pure provocation, sans contenu réel : « Si Dieu le veut, nous lèverons le drapeau d'Allah sur la Maison Blanche », déclare en août le porte-parole de Daesh au magazine *Vice*.

1. La vidéo *A Message to America* a été mise sur Youtube puis supprimée, ce qui n'a nullement empêché sa circulation à travers Twitter, Facebook, Instagram voire les médias de renseignement ordinaires, *cf.* Lee Ferran, « Video Appears to Show ISIS Execution of Second American Steven Sotloff », ABC News, 2 septembre 2014.

2. « Obama, votre politique d'intervention en Irak visait la préservation des vies américaines et de leurs intérêts : pourquoi suis-je en train de payer de ma vie le prix de votre interférence ? » demande Sotloff face à la caméra, *Site Monitoring Service Enterprise,* 2 septembre 2014.

Le « calife Ibrâhîm » dose ses interventions pour préserver son aura. Son phrasé de l'arabe classique et son respect des règles du *tadjwîd* – la récitation coranique – sont parfaits. Il mêle les citations de versets et de hadiths à ses propres déclarations. Nul doute qu'il soit inspiré. En juillet 2014, *Al-Furqân Media* diffuse son message pour le mois de ramadan, qui alterne de façon manichéenne l'exhortation pour ses partisans et la stigmatisation des adversaires :

> « Prenez les armes, prenez les armes, ô soldats de l'État islamique, et combattez ! Combattez !... Faites savoir au monde que vous vivez maintenant dans une nouvelle ère... Ô Umma de l'islam, le monde d'aujourd'hui a été séparé en deux camps, il n'y en a pas de troisième : le camp de l'islam et de la foi, le camp des infidèles et de l'hypocrisie, qui est le camp des juifs, des croisés et de leurs alliés... Ils accomplissent leurs forfaits en occupant nos terres, ils donnent le pouvoir à leurs agents iniques qui dirigent les musulmans avec une main de fer et avec leurs vains slogans : civilisation, paix, coexistence, liberté, démocratie, sécularisme, baassisme, nationalisme et patriotisme ».

Les moyens techniques utilisés relèvent d'une communication efficace dont la portée couvre tout le monde musulman. Les jeunes générations – potentiellement candidates au djihâd – sont réceptives à la « connectivité » de Daesh, qui se sert de techniques de production d'images supérieures aux montages de basse qualité de la plupart des groupes terroristes. À côté, al-Qaïda paraît ringardisée. Les campagnes hashtags sont particulièrement diffusées[1] et la multiplication des sous-titres anglais sur les vidéos permet de s'adresser aux sympathisants non-arabophones. En raison des positions récentes du Qatar contre al-Baghdâdî, *Al-Jazeera* (chaîne qatarie) est une courroie de transmission de la communication de l'État islamique. Mais en voulant le dénoncer, elle le sert indirectement.

La plupart des réseaux sociaux utilisés par l'EI, Twitter, Facebook, ont un impact mondial et des failles légales sur lesquelles jouent les propagandistes. C'est le cas de Twitter, site public à surveillance limitée, dont le contenu est supprimé uniquement sur requête des utilisateurs lorsqu'il vise une entité précise. Ceci explique la lenteur de la réaction de ses administrateurs lorsqu'il s'agit de bloquer les comptes de djihadistes ou de partisans[2]. La totale liberté d'internet garantit celle de la communication djihadiste.

L'État islamique compte également sur ses moyens propres, puisqu'il dispose depuis 2007 de son propre label de vidéo-production, *Al-Furqan Media Production*[3]. Cette plateforme propagandiste a été capable d'envoyer 40 000 tweets en une journée lors de la prise de Mossoul.

1. Le hashtag *#StevensHeadinObamasHands* rendait directement responsable le président Obama des menaces pesant sur le journaliste Steven Sotloff, exécuté le 2 septembre 2014. La plupart des hashtags sont toutefois assez sommaires : il s'agit le plus souvent de photos d'exécutions ou de cadavres.

2. Carmen Fishwick, « How a Polish student's website became an Isis propaganda tool », *The Guardian*, 15 août 2014.

3. Le *furqân* est islam est le « critère » qui distingue les fidèles des incroyants.

Mais elle n'est que partiellement centralisée, puisque des bureaux provinciaux développent leur propre communication, via Twitter, sur leurs actions locales[1]. La seule exigence est d'apposer l'étendard du groupe sur l'écran. Daesh jouit encore du soutien de forums comme *Al-Minbar*[2] par lesquels il peut faire appel aux donations de fidèles. Enfin, l'organisation publie quelques brochures officielles, en arabe et en anglais, pour justifier ses positions et faire la promotion des exécutions des infidèles[3]. C'est le but de la revue *Al-Hayat* (« la vie »), dont le deuxième numéro expliquait : « La mission du Centre médiatique Al-Hayat est de transmettre le message de l'État islamique dans différentes langues avec le but d'unifier les musulmans sous une seule bannière ».

Cependant, la stratégie de communication de l'EI comporte de nombreuses limites. Celles-ci sont d'abord techniques : le Califat n'a pour le moment – et probablement pas dans l'avenir – aucune capacité à mener une cyber-guerre. C'est-à-dire qu'il peut jouer sur la diffusion de vidéos et d'images, mais nullement s'attaquer aux réseaux informatiques irakiens, saoudiens ou occidentaux, ni même à leurs moyens de transmission, de renseignement numérique et de téléphonie. L'État islamique utilise un internet qu'il ne peut contrôler. Pourtant, Barack Obama a renoncé

1. Dominique Thomas de l'EHESS, interrogé par *Le Monde*, 16 juin 2014.

2. Le *minbar* est la chaire à prêcher dans les mosquées.

3. Le document « Smashing the Border of the Tawaghit », publié par Al-Hayat Media Center en juin 2014, montre des photos de l'exécution des 1 700 soldats irakiens capturés dans la provence de Salah al-Dîn.

à lui couper ses communications et ses plateformes médiatiques, à la fois pour faire de la géolocalisation et laisser l'EI se décrédibiliser auprès des musulmans modérés. Le gouvernement irakien, lui, par un décret du 15 juin 2014, a bloqué internet dans cinq provinces et a ordonné la censure des réseaux sociaux majeurs, mais son efficacité reste à prouver[1]. Le seul moyen actuel capable d'endiguer la propagande djihadiste reste le boycott[2].

## UN FANATISME RATIONNEL

Il serait trop simple que les hommes de l'EI soient des fous, des illuminés ou des victimes d'un embrigadement. Leur détermination n'est pas celle du psychopathe, mais de l'homme de foi qui sait que la vie de l'au-delà l'emporte sur celle du monde. Si l'État islamique intègre des déséquilibrés ou des déclassés sociaux, il attire d'abord des croyants sincères qui ont lu, ou au moins parcouru, les grands érudits rigoristes du Moyen Âge, et surtout Ibn Taymiyya. Al-Baghdâdî n'a rien d'un exalté aux propos délirants. L'homme est froid, intelligent, cultivé.

L'État islamique soumet toute son action à un impératif : la victoire de Dieu. Au-delà de cet objectif conscient, rationnalisé, il fonde ses revendications dans le *takfirisme*. Cette tendance médiévale est réapparue à la

1. « L'accès à Internet coupé dans une partie de l'Irak », *Le Monde*, 17 juin 2014 ; Judson Berger, « State Department enters propaganda war with ISIS », *Fox News Politics*, 9 septembre 2014.

2. L'humour noir tenté par les États-Unis semble, lui, totalement déplacé. Reprenant des images de monstruosités commises par les djihadistes, le Département d'État a diffusé une vidéo intitulée « Bienvenue dans l'État islamique », qui joue résolument sur le cynisme contre l'EI, mais le ton paraît plutôt désespéré.

fin des années 1970, prônant non seulement un retour à l'islam des origines mais aussi une utilisation de la violence légale contre les *kufar*, les « infidèles » (*takfir* signifie « anathème »). Au VIIe siècle, la secte musulmane des Khâridjites fut la première à appliquer le takfirisme en se lançant dans une apologie du combat, exaltant la guerre contre les mauvais musulmans, s'attirant l'hostilité mêlée des shiites et des sunnites. Durant tout le Moyen Âge, ils soulevèrent les populations et déclenchèrent des révoltes et des coups de mains. La plupart des médias iraniens identifient les hommes de l'EI au courant takfiriste, et l'IRIB, l'organe d'information officiel de Téhéran, ne les appelle que sous la formule : « les Takfiris de Daesh ». C'est pour cette raison doctrinale que Hassan Nasrallah, chef du Hezbollah libanais, shiite et favorable à al-Assad, a condamné les actes de Daesh, refusant d'y voir une confrontation sunnites-shiites, mais plutôt le résultat d'une hérésie[1].

L'exclusion takfiriste touche bien sûr d'abord les minorités non-sunnites[2]. Au premier chef les chrétiens. Dans la *Charte de l'État islamique en Irak et au Levant* distribuée à Mossoul le 13 juin 2014, l'article 13 interdit l'adoration des statues et impose aux chrétiens le statut de *Dhimmi* aux conditions infamantes. Dans

1. IRIB, 12 septembre 2014. Il accuse les hommes de Daesh d'adhérer à l'*ash'arisme*, un courant théologique apparu au Xe siècle défendant l'absence de logique et de raison à la puissance de Dieu : Dieu crée le mal comme le bien, et l'homme est soumis à une prédestination absolue.

2. « Le musulman doit croire indiscutablement que toutes les religions sont caduques, que leurs adeptes sont des infidèles, que l'islam est la seule vraie religion… Le musulman n'aime pas les infidèles, car Dieu les déteste », A. Dj. Eldjazaïri, *op. cit.*, p. 129.

les églises du nord, parfois détruites ou transformées en centres islamiques, les statues ont été brisées[1], les autels renversés et les croix remplacées par l'étendard de l'EI. En arrivant à Mossoul et Qaraqoch entre le 6 et le 10 juin, les djihadistes déclarèrent qu'ils suivraient les règles de la sharî'a envers les chrétiens des deux cités, à savoir que le culte sera autorisé, les biens et les personnes protégées, à condition de payer la *djizya*, une forte capitation fixée à 60 dollars par personne et par mois. En cas de refus de paiement ou de se convertir, les chrétiens ont 24 heures pour partir sous peine de mort. En janvier 2014, les chrétiens de Raqqa ont accepté de payer. À Mossoul, un communiqué de l'EI relayé sur les réseaux sociaux menace : « Il n'y aura pour eux rien d'autre que l'épée ». Le prix de la taxe et l'incertitude face aux groupes armés poussent les chrétiens à fuir en masse vers Erbil et le Kurdistan, abandonnant toute leur vie derrière eux[2].

La politique de Daesh envers les minorités shiites du nord est encore plus dure, car on les suppose forcément alliés au pouvoir de Bagdad. Le patrimoine shiite est pris pour cible : la mosquée où se trouverait le tombeau du prophète Jonas à Mossoul est détruite le 24 juillet. Dans la ville kurde syrienne de Tal Ma'arouf, on abat en mars 2014 des mausolées de pieux shaykhs vénérés

1. On brise aussi les représentations figurées dans les sites archéologiques de Ninive. Jean-Claude David, Boissière Thierry, « La destruction du patrimoine culturel à Alep : banalité d'un fait de guerre ? », *Confluences Méditerranée*, n° 89, 2/2014, p. 163-171.

2. *La Vie*, 22 août 2014 ; Anne-Bénédicte Hoffner, « Ils ont fui l'État islamique », *La Croix*, 2 septembre 2014 ; *Famille chrétienne*, n° 1913, 13 septembre 2014.

par la population, attitude qui rappelle celle des Talibans envers les Bouddhas de Bamyan (RFI, 22/8/2014). La vénération ne va qu'à Dieu et à aucun être humain. Cependant, malgré sa doctrine takfiriste, al-Baghdâdî sait que son Califat ne pourra perdurer sans le ralliement (ou la conversion) d'une partie des shiites d'Irak. Après la confrontation avec Bagdad viendra forcément le temps des accommodements. Lors de son prêche de 29 juin, il a ainsi salué « la famille du Prophète », manière de rendre hommage aux descendants de 'Alî. L'histoire du califat abbasside se prête bien à ce genre de conciliation entre sunnites et shiites. Au xe siècle, face à l'influence de leurs vizirs et des contestations des tribus arabes, les califes ont recours à des milices turques, les Bûyides, convertis au shiisme. Bagdad, capitale de l'empire sunnite, passe sous contrôle d'étrangers shiites, mais de violentes émeutes éclatent dans la ville contre ces émirs hérétiques qui font et défont les califes.

L'EI se présente comme une structure eschatologique dans l'islamisme : les sujets du calife sont les annonciateurs du Jugement[1]. Le « jour de la religion » (*Yum al-dîn*) annoncé dans la première sourate arrive et la justice de Dieu va bientôt rayonner. Chacun va recevoir le compte de ses bonnes et mauvaises actions selon leur mention dans

1. « C'est la forme eschatologique de l'islam radical : pour ses combattants, la proximité de la fin du monde impose de définir les camps du bien et celui du mal, et d'établir la séparation entre la religion révélée et tout le reste. C'est cette idée de fin du monde qui légitime la mise en place d'un projet totalitaire, impliquant une purification religieuse », Sébastien Duhaut, propos recueillis dans *La Croix*, 11 septembre 2014.

un livret individuel tenu par les anges (sourate 69, verset 19). Il n'est plus temps de tergiverser ! Bien que l'islam traditionnel soit peu porté vers une mystique de la fin des temps, des textes apocalyptiques médiévaux – souvent d'inspiration shiite – ont été popularisés sur internet. Depuis la fin du IXe siècle, s'appuyant sur quelques hadiths[1], le shiisme professe le retour messianique d'un *Mahdî*, un imâm « bien guidé », infaillible et désigné par Dieu. Chez les shiites septimains, ce retour triomphant s'accompagnera de grandes victoires militaires. De nombreux érudits sunnites (al-Ghazâlî au XIe siècle) et des mystiques soufis (al-Hallâdj au Xe siècle) ont repris et développé cette croyance dans le Mahdî, laquelle offrait aux croyants une actualité de la rencontre divine et une tension vers le retour du « Bien guidé ». Les réseaux sociaux liés à Daesh sont imprégnés de cette rhétorique[2]. Les références coraniques à la Syrie (*al-Sham*) et certains hadiths font de cette région aride l'espace privilégié du mysticisme, des temps derniers et de la victoire de l'islam sur Satan[3]. Ainsi, ce hadith transmis par un compagnon de Muhammad, Zayd ibn Thâbit :

1. Notamment celui transmis par Koleib ibn Dja'ber : « Après moi, il y aura des califes, des émirs ; après les émirs, des rois superbes ; c'est alors que viendra le Mahdî, il sortira de ma famille et il remplira le monde de justice », *cf.* Yves Thoraval, « Mahdisme », *Dictionnaire de l'islam, religion et civilisation*, Albin Michel, 1997, p. 523.

2. Le français Mourad Farès, producteur de vidéos djihadistes, diffuse un montage mahdiste vu 350 000 fois, *Al Mahdi et le second Khilafah*. Et son compatriote Omar Diaby, chef de brigade en Syrie, affirme : « Je ne rentrerai que lorsque la guerre sera terminée et elle ne se finira que lorsque le Prophète reviendra sur terre, ici à Damas », *Le Nouvel Observateur*, 23 mars 2014.

3. Frédéric Pichon dans *L'Opinion*, 4 juin 2014.

– Bonne nouvelle pour le Sham !
– Pour quelle raison, ô Envoyé d'Allah ?
– Je vois les anges d'Allah recouvrir par leurs ailes tout le Sham !

Prétendre comme John Kerry que ce proto-État n'a rien de religieux n'a aucun sens. Les États-Unis veulent croire pour des raisons médiatiques que le Califat est une simple organisation criminelle. Sa double dimension politique (la prétention à l'hégémonie califale) et religieuse (l'affirmation qu'il est la réalisation eschatologique de l'islam) est totalement occultée, alors qu'elle est essentielle et que c'est elle qui assure son succès.

Malgré leurs ressemblances et des passerelles de recrutement entre eux, l'État islamique et al-Qaïda sont des concurrents. Ils se présentent comme deux faux-jumeaux en compétition, ce qui explique la surenchère dans une barbarie légitimatrice[1]. La communication de Daesh prône la violence absolue pour éliminer tout concurrent plus radical. Mais cette structure associant des groupes très variés, elle ne se maintient que par une vague sujétion à Abû Bakr al-Baghdâdî. Sur le terrain, chacun de ses groupes est autonome et veut prouver sa détermination et son respect plus intact que les autres aux règles du djihâd. L'ultra-violence est ainsi devenue un atout pour le recrutement des uns et l'effarement des autres[2].

1. Liz Sly, « Al-Qaeda disavows any ties with radical Islamist ISIS group in Syria, Iraq », *The Washington Post,* 3 février 2014.

2. Charlotte Boitiaux, *France 24,* 5 septembre 2014.

Comme l'exécution de Louis XVI en 1793 et celle de Nicolas II en 1918, les meurtres de masse de l'EI exaltent une renaissance et proclament l'impossibilité du retour en arrière. Il y a quelque chose de révolutionnaire, et donc de totalitaire, dans cette barbarie parfaitement assumée. Elle pousse tous les groupes en présence, même les plus hésitants, à choisir un camp et à se radicaliser. Plus de tièdes, plus d'hypocrites. Sur les images tournées par Medyan Dairieh pour *Vice News*, des gardes-frontière sont enchaînés dans un pick-up. Un homme leur annonce qu'ils vont être exécutés au sabre, puis il ajoute : « Vive l'État islamique ! *Allah akbar* ! » Et les futures victimes de reprendre : « Vive l'État islamique ! *Allah akbar* ! » Seuls les systèmes totalitaires, parce qu'ils sont froids et rationnels, sont capables d'annihiler ainsi toute résistance intérieure de l'individu, jusqu'à lui faire acclamer son propre bourreau… L'EI a, de toute évidence, déjà dépassé le seuil du crime contre l'humanité et imite, dans ses méthodes et ses objectifs, les meurtres de masse des *Einsatzgruppen* nazis en Ukraine et Russie : dans la province de Salah al-Dîn, des centaines de soldats de l'armée irakienne ont été exécutées, à genoux, d'une balle dans la nuque. C'est le principe même de la « Shoah par balle ».

## LA VIE QUOTIDIENNE SOUS DAESH

« Tout musulman majeur, qui constate un acte louable délaissé ou un mal accrédité, doit obligatoirement intervenir soit par la force, s'il en est capable, soit par l'exhortation ».

ABOUBAKER DJABER ELDJAZAÏRI, *La voie du musulman*, ASLM Éditions, 1986, p. 77.

Dans les territoires soumis à Daesh, la vie quotidienne s'organise sur de nouvelles bases, sans révolution apparente, dans un calme presque serein, à peine troublé par le spectacle des cadavres de *kufar* exhibés ici ou là. La *Charte de l'État islamique en Irak et au Levant* forme l'armature des nouvelles règles sociales[1]. Elle précise que les moyens légaux contre ceux qui s'opposent à la volonté divine seront « l'exécution, la crucifixion, l'amputation des bras ou des jambes, l'exil ».

Contre le vice et le mal, on fait appliquer les interdictions de la *sharî'a* réinterprétée dans la *Charte de l'EI*: Facebook est prohibé pour les musulmans, tout comme la cigarette, le narguilé, l'alcool, la drogue (article 8). On détruit ainsi devant les caméras les champs de cannabis dans la ville d'Akhtarine au nord d'Alep[2]. Les manifestations publiques sont interdites (art. 10). Les femmes devront marcher voilées du niqab, accompagnées d'un parent proche (art. 14). Les militants des droits de l'homme, vendus à la démocratie occidentale, sont torturés, comme Samira Saleh al-Nouaïmi, fusillée dans le centre de Mossoul le 22 septembre[3]. La *Hisba*,

1. Jean-Pierre Perrin, *Libération*, 23 juin 2014.
2. Farah Abada, *France 24,* 29 août 2014.
3. *L'Orient, Le Jour,* 26 septembre 2014.

l'ancienne police abbasside qui surveillait les marchés et les mœurs dans les villes d'Irak, a été rétablie et circule à Raqqa ou Mossoul en voiture ou camionnette. Des patrouilleurs aimables mais zélés s'arrêtent pour faire retirer une affiche hollywoodienne jugée indécente sur la devanture d'un magasin, apostrophent un homme pour qu'il ajuste le voile de son épouse, vérifient que le jeûne du ramadan est bien respecté, inspectent que l'essence vendue dans les pompes n'est pas coupée d'eau[1]. Des tribunaux islamiques ont été investis dans chaque cité. Des djihadistes ayant un parcours d'études religieuses y ont été nommés qadis, c'est-à-dire juges selon les normes de la sharî'a. Ils attribuent les peines, non d'après des critères internationaux ou des codes civils qui n'ont plus cours, mais en fonction de la Sunna. En coupant une main pour un vol d'un certain montant et en présence de témoins, on espère éradiquer le vol.

L'ordre islamique règne dans des régions où le gouvernement de Bagdad imposait une poigne de fer. Les hommes de la Hisba lancent des mises en garde mais aucune menace. Ils sont d'ailleurs trop peu nombreux pour contrôler tous les faits et gestes des habitants. Les combattants se font prendre en photo avec des enfants. L'État islamique paraît humain et compétent. On collecte la *zakât*, l'aumône légale, pour la redistribuer. Les familles ont reçu l'équivalent de dix dollars par enfant. Les exécutions sommaires de journalistes occidentaux ne touchent personne et ne changent pas profondément

1. Reportage de *Vice News, The Spread of the Caliphate, the Islamic State,* août 2014.

la nature du désarroi irakien depuis 2003. Les sunnites de Falloujah ont vu trop de morts et de tortures dans leurs familles pour pleurer l'exécution d'un étranger, américain qui plus est.

Le ralliement de la population semble acquis, ou du moins son indifférence prudente. Après le prêche du vendredi, les fidèles sont invités à demander pardon pour leurs fautes au micro et à recevoir ensuite l'accolade des djihadistes qui se battent pour eux. La miséricorde de Dieu descend sur eux, les fautes sont effacées et tous les musulmans redeviennent frères[1]. « *C'est la joie du repentant pour son retour dans l'islam et pour le pardon de ses frères* », entonne alors une chanson. L'embrigadement des enfants fait partie des priorités[2]. En juillet, à Mossoul, a eu lieu une « journée de l'amusement » tournant autour de parties de foot, de concours de récitation coranique[3]. À Raqqa, une grande fête en plein air fut organisée pour célébrer l'annonce du Califat. Y participaient les convaincus, les curieux, les jeunes, les militants. Des propagandistes animaient la soirée ponctuée d'acclamations (*Takbîr ! Allah akbar !*) et de chants :

> *Ô Abû Bakr al-Bah, tu terrifies tes ennemis, de superbes vierges ont été appelées, enrôle-moi comme martyr.*

1. Vidéo d'*Al-Furqân Media*, « Clanging of the Sword », 6 janvier 2014.

2. « Nous croyons que cette jeunesse sera celle du Califat, avec l'aide de Dieu, elle se lèvera pour combattre les infidèles et les apostats, les Américains et leurs alliés », déclare un djihadiste à *Vice News*.

3. « In a Syrian City, ISIS puts its Vision into Practice », *New York Times*, 23 juillet 2014.

Contrairement aux moqueries des Irakiens de Bagdad et du sud[1], l'EI rallie à lui un nombre croissant de musulmans auxquels il apparaît comme un régime tout à fait respectable, d'autant que ses militants sont des Irakiens des tribus locales[2]. « J'ai l'impression d'avoir à faire à un État respecté, pas à des voyous », déclare un artisan syrien[3].

Voulant se montrer responsable, l'État islamique œuvre pour que son implantation territoriale soit durable[4]. Contrairement aux djihadistes d'al-Qaïda, Daesh veut être un État à part entière, c'est-à-dire associer un territoire, une population et une administration. La vitesse à laquelle les institutions se sont transformées est d'ailleurs remarquable[5]. Pour cela, il convient d'éviter le chaos et tout dérèglement de la vie quotidienne. Lors de leur entrée à Mossoul, les combattants ont exigé que les fonctionnaires et les ouvriers se rendent à leur travail, que la distribution de l'eau et de l'électricité soit assurée, que les services municipaux fonctionnent (ramassage des ordures, police urbaine). Des hommes ont été placés aux carrefours pour régler la circulation. Les

1. Boris Vichith, Daniel Vallot, « Irak : Scepticisme à Bagdad après la proclamation d'un califat », *RFI,* 30 juin 2014.

2. « La prise de Mossoul par l'EIIL laisse Maliki sans marge de manœuvre », *RFI,* 11 juin 2014.

3. « In a Syrian City… », *op. cit. ;* Un enseignant : « Ce que je vois à Raqqa prouve que Daesh a une vision juste de la manière de gouverner un État, dans le vrai sens du terme », *cf.* « Life in a Jihadist Capital », *New York Times,* 23 juillet 2014.

4. Comme une entreprise, il diffuse un rapport mensuel d'activités, ainsi en juin 2014 : « Islamic state report : an insight into the Islamic state », Shaban 1435, Alhayat Media Center.

5. Reportage précité de Medyan Dairieh, *Vice News.*

maires conciliants ont été maintenus[1]. Les pratiques de corruption généralisée ont été remplacées par une taxe de dix dollars par mois sur les commerçants, en échange de la sécurité et des approvisionnements courants. Les villes doivent vivre aussi bien qu'avant pour ne pas menacer la popularité de l'EI.

Mais il faut aussi envisager l'avenir et la reconstruction des territoires ravagés. L'EI a besoin de bras et de compétences techniques pour bâtir le Califat et l'ancrer dans la durée. Réaliste, al-Baghdâdî terminait son message de ramadan par un appel à l'immigration musulmane, la *hidjra*, terme identique au mot « hégire » désignant le départ du prophète vers Médine. En rejoignant Daesh, chaque musulman peut ainsi imiter Muhammad :

> « Ô musulmans, d'où que vous soyez, si quelqu'un veut faire son *hidjra* vers l'État islamique, laissez-le faire, car la *hidjra* sur la terre de l'islam est une obligation... Je fais un appel particulier aux professeurs, aux juristes (de la sharî'a), et surtout aux juges, à tous ceux qui ont une expérience militaire, administrative, aux médecins et aux ingénieurs dans leurs différents champs de spécialisation, nous les appelons à craindre Dieu et à faire leur *hidjra*. »

## UNE ORGANISATION MILITARO-POLITIQUE SOUPLE

« Pour les États-Unis, l'EI est plus qu'un groupe terroriste... Il allie idéologie et sophistication

1. « In a Syrian City... », *op. cit.*

# ORGANISATION DE L'ÉTAT ISLAMIQUE

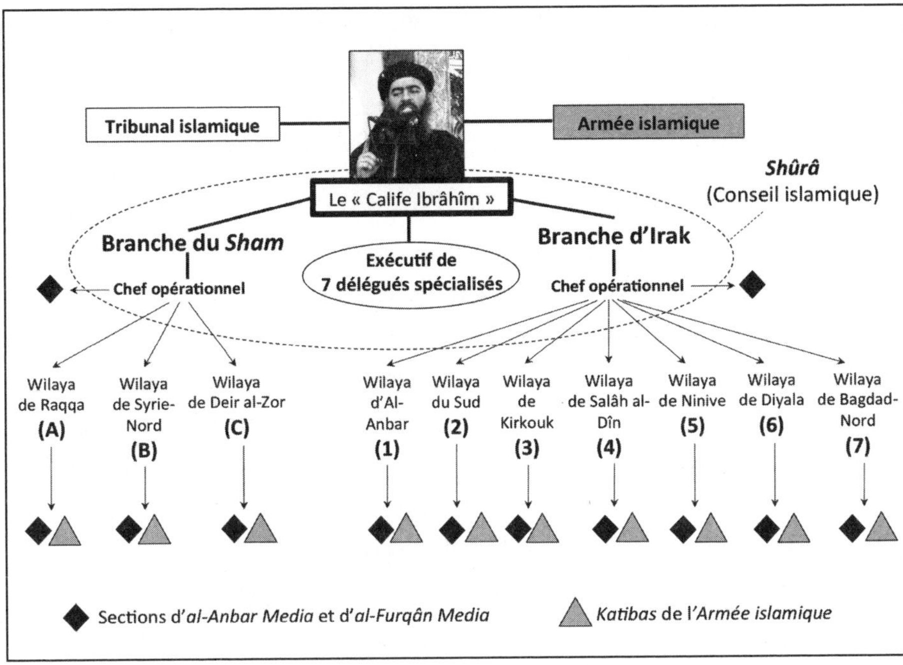


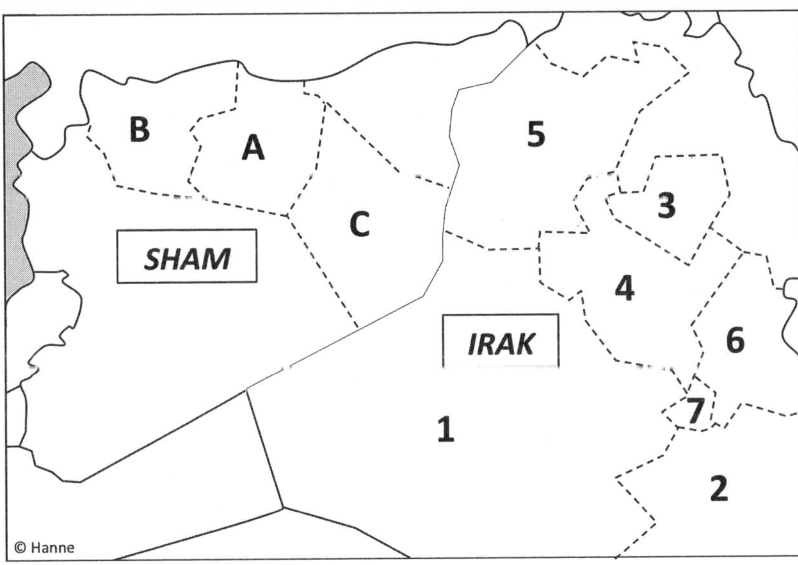

militaire. Il est incroyablement bien financé. Cela va au-delà de tout ce qu'il nous a été donné de voir ».

Chuck Hagel, Secrétaire d'État américain à la Défense, 21 août 2014.

L'État islamique dispose d'un nombre de combattants difficile à estimer car il est en constante évolution. Le chiffre le plus stable avant l'été 2014 s'élèverait à une dizaine de milliers d'hommes[1], dont 6 000 pour l'Irak et 5 000 en Syrie[2]. Mais cette base se serait accrue jusqu'à 20 000[3] durant les grandes opérations de juin-juillet qui ont permis de libérer des prisonniers djihadistes dans le centre et le nord du pays. La moitié des combattants sont donc étrangers à la région. En septembre, le chiffre a pu approcher 30 000 hommes, malgré les bombardements[4]. Face à eux, l'armée irakienne comprend 350 000 hommes, 500 000 policiers, sans compter la masse potentielle des miliciens sunnites de la *Sahwa*, qui sont pro-gouvernementaux. Si près d'un million de soldats sont incapables de faire reculer Daesh, c'est que la solution n'est pas seulement militaire.

L'État islamique bénéficie depuis juin d'un afflux croissant de volontaires étrangers – environ 3 000 –

1. « Two Arab countries fall apart », *The Economist*, 12 juin 2014.

2. En Irak, la majorité est locale à 60 %, alors qu'en Syrie les nationaux sont à peine la moitié, *L'Orient, le Jour*, 21 août 2014, et *Observatoire syrien des droits de l'homme*.

3. Le *New York Times* donne entre 10 000 et 17 000 affiliés à l'EI (22 août 2014) ; la CIA annonce 10 000 membres en juillet en Irak et 20 000 en septembre.

4. Données du Centre national antiterroriste américain, cité par RFI, 27 septembre 2014.

arrivant par la frontière entre la Turquie et la Syrie[1]. Les candidats au djihâd viennent de l'ensemble du monde musulman, poussés par les succès de l'EI, ses vidéos et ses tracts. Au Pakistan et en Afghanistan, la popularité de l'EI augmente, d'autant que la structure de l'ancienne organisation des Talibans a été détruite[2]. On se rallie désormais à l'EI. Les étrangers sont des Algériens, des Tchétchènes[3], des Saoudiens, des Tunisiens[4], des Libyens issus de l'implosion du pays après la mort de Kadhafi (août 2011). Engagés initialement pour le front syrien, ils sont passés en Irak avec Daesh. Enfin, l'EI profite d'un ou deux milliers de djihadistes européens, et même d'une poignée d'Américains[5]. On compte autour de 900 Français, issus de l'immigration ou convertis[6]. Par une résurgence de l'histoire dont Daesh est coutumière, le Califat recrute ses mercenaires à l'étranger, exactement comme les Abbassides le firent à partir du IXe siècle. Méfiants envers leurs troupes arabes, les califes prirent

1. L'*Observatoire syrien des droits de l'homme* donne le 19 août le chiffre de 6000 nouveaux membres en juillet, mais cette ONG a toujours tendance à gonfler ses chiffres.

2. AFP, 8 septembre 2014 ; Hasnian Kazim, « Rekrutierung in Pakistan : Islamischer Staat umwirbt Tausende neue Kämpfer », *Spiegel*, 4 septembre 2014. Al-Qaïda dirigeant ses actions depuis la région Afghanistan-Pakistan, l'EI part à la conquête de ses fiefs.

3. Un des chefs militaires les plus mis en avant par le groupe est un Tchétchène nommé 'Umar al-Shishani, « Chechen fighter emerges as face of Iraq militant group », *Fox News* via *Associated Press*, 2 juillet 2014.

4. En juin 2014, le Ministre de l'Intérieur tunisien estime que 2400 Tunisiens combattaient en Irak, surtout pour l'EI.

5. Paule Rouzé, « L'itinéraire d'un djihadiste américain tué en Syrie », *Le Figaro*, 27 août 2014.

6. Bernard Cazeneuve, Ministre de l'Intérieur, au *Journal du Dimanche*, 14 septembre 2014.

l'habitude de faire venir des esclaves turcs, islamisés et affranchis, puis des slaves et des grecs. Mais ces groupes eurent la fâcheuse tendance à prendre leur autonomie et à créer de petits émirats, ainsi les Bûrides de Damas et les Zankides d'Alep et Mossoul au XIIe siècle[1].

Ces djihadistes européens, sans aucune formation militaire, ne fréquentant aucune mosquée, parlant rarement l'arabe, même lorsqu'ils sont d'origine maghrébine, sont pour la plupart des islamistes auto-radicalisés grâce à internet ou à des rencontres. Le récit des exactions en Syrie, les vidéos islamistes et un simple contact sur les réseaux sociaux peuvent décider du départ. Passant de la délinquance au djihadisme, leur connaissance de l'islam semble plus que réduite, ce qui suscite des plaintes dans le mouvement[2]. Le départ vers le Proche Orient représente pour eux une manière de retrouver l'islam des origines, une *hidjra* qui est aussi un pèlerinage et une aventure. Malgré ses dangers, le djihadisme est une incarnation de la pratique religieuse

1. C'est exactement l'analyse d'Ibn Khaldûn au XIVe siècle dans ses *Prolégomènes* (éd. du Caire, p. 28) : « Un souverain ne peut obtenir le pouvoir qu'avec l'aide des hommes de son propre peuple... Il les envoie combattre ceux qui se révoltent contre sa dynastie. Il les fait entrer massivement dans ses services administratifs, il les nomme vizirs, il les charge de la collecte de l'impôt... Il en va ainsi tant que dure la première phase d'une dynastie, mais, quand approche la seconde phase, le souverain manifeste son indépendance à l'égard de son propre peuple : il veut toute la gloire pour lui seul, et en écarte brutalement ses compagnons... Par conséquent, ils deviennent ses ennemis, et pour les empêcher de prendre le pouvoir il a besoin d'autres amis, d'une autre origine que lui, afin de s'en servir contre son peuple ».

2. Ainsi l' « émir » Omar Diaby, chef d'une brigade de 80 combattants français en Syrie, justifie son départ de Daesh : « Les gens de l'EIIL sont des anciens voyous dont le comportement déviant ressort dès qu'on leur met une arme dans les mains », *Le Nouvel Observateur*, 23 mars 2014.

finalement moins exigeante qu'une vie morale et pieuse de tous les jours dans un pays sécularisé. Les convertis découvrent en Syrie et en Irak une distinction stricte des notions de bien et mal, totalement abandonnée dans les sociétés post-modernes[1]. Cependant, une fois sur place, ces musulmans de fraîche date sont mal accueillis ou testés pendant plusieurs semaines. On les affecte à la surveillance des prisonniers de leur nationalité[2]. Tant qu'ils ne dominent pas la langue arabe, ils ne peuvent gravir les échelons des escadrons.

Outre son recrutement, les succès militaires de l'EI tant en Syrie qu'en Irak s'expliquent par la surprenante quantité d'armement dont il dispose et qu'il présente fièrement lors de ses défilés à Raqqa[3]. Daesh a récupéré de l'armée d'al-Assad une trentaine de chars soviétiques T-55 ainsi que quelques T-72 dont l'usage est avéré. En outre, des véhicules blindés type Hummvees et MRAP ont également été pris au gouvernement irakien[4], ainsi que 52 canons M-198 de 155 mm[5], et, plus inquiétant, des missiles SCUD[6] dont le nombre et l'état restent

1. Anthony Samrani, « De la petite délinquance à l'islam djihadiste en seulement trois mois », *L'Orient, Le Jour*, 1er septembre 2014.

2. *France 24*, 5 septembre 2014 ; Charlotte Boitiaux, « Djihad européen, l'alerte rouge », *L'Opinion*, 4 juin 2014.

3. « Isis militants parade military muscle in Raqqa, Syria », *The Guardian*, 1er juillet 2014.

4. Mehmet Kemal Firik, « ISIS's Weapon Inventory Grows », *Daily Sabah*, 4 juillet 2014. Quatre divisions blindées de l'armée irakienne auraient été prises par l'EI, dans des conditions inconnues.

5. Jeremy Bender, « ISIS militants captures 52 American-made artillery weapons », *Business Insider*, 15 juillet 2014.

6. « ISIS parades ballistic Scud missile in Syrian town », *Al-Arabiya*, 2 juillet 2014.

inconnus. Toutefois, sans les compétences associées dans le téléguidage, leur dangerosité se limite à une simple opération de communication durant les défilés militaires de Daesh. Les projets d'attaques chimiques et biologiques sont du même ordre[1]. Plus intéressant, son arsenal comporte des missiles antichars guidés (TOW, Kornet, HJ-8) qui, avec des lance-roquettes antichars plus classiques (RPG-7, M-70 OSA), lui permet de lutter efficacement contre les blindés syriens et irakiens[2]. Enfin, l'EI aurait des missiles anti-aériens de courte portée en quantité inconnue (SA-18, SA-24, FN-6)[3].

Daesh a fait preuve durant l'année 2014 de remarquables compétences tactiques en sachant passer du stade d'organisation terroriste à celui d'armée d'opérations. Ses combattants ont acquis un excellent niveau d'expérience et d'aguerrissement et font preuve d'une maîtrise évidente des techniques d'infiltration en zone urbaine, de progression avec appuis contre les troupes régulières syriennes et irakiennes[4]. Face à leurs

1. L'ordinateur d'un djihadiste récupéré en janvier 2014 donne des informations sur ces projets encore très vagues : « Utilisez des petites grenades contenant un virus et jetez-les dans des endroits clos comme les métros, les stades de football ou les salles de concert… Le mieux est de le faire près de l'air conditionné. Vous pouvez aussi l'utiliser lors d'opérations suicide ». Il est possible qu'avec le temps, l'EI sera capable d'utiliser de telles armes (*Le Figaro*, 1er septembre 2014). Une information de l'IRIB (21 septembre 2014) assure qu'une attaque au gaz chlore aurait été déjouée le 20 septembre dans l'est de l'Irak.

2. Jeremy Binnie, « Iraqi Abrams losses revealed », *IHS Jane's Defence Weekly*, 20 juin 2014.

3. Thomas Gibbons-Neff, « Islamic State might have taken advanced MANPADS from Syrian airfield », *Washington Post*, 25 août 2014.

4. Thomas Gibbons-Neff, « ISIS propaganda video show their weapons, skills in Iraq », *Washington Post*, 18 juin 2014.

méthodes de guérilla urbaine, les troupes irakiennes sont peu exercées[1]. La branche armée de l'EI a réussi en 2013 à s'implanter durablement dans la province de Diyala, pourtant éloignée de ses bases à l'époque, et quadrillée par les milices shiites. En 2007, l'essentiel des attaques kamikazes de la province était le fait d'al-Qaïda, mais entre 2012 et 2013, Diyala fut la cible de vastes opérations lancées par Daesh. L'objectif stratégique d'un tel éloignement était d'encercler Bagdad par le nord, de fragiliser les bases de l'armée irakienne, avant de fondre par l'ouest et le nord, après l'assaut sur la province d'al-Anbar. Si Bagdad ne fut jamais pris, la qualité du plan était réelle, tout comme la synchronisation des attaques d'un bout à l'autre du pays, sur 500 km de front, le long de la « ligne verte » Nadjaf-Kerbala-Bagdad-Samarra. Une telle coordination et la connaissance des manœuvres tactiques révèlent la présence des officiers baassistes[2].

Toutefois, la puissance militaire de l'État islamique n'est pas irréductible, puisque dès le 1er septembre 2014 les combattants commençaient à quitter les rues de Mossoul et à se retirer en Syrie vers Raqqa[3]. Le 4, Abû Hadjr al-Sûri, bras droit de Baghdâdî trouvait la mort au cours d'une frappe de l'armée irakienne, attaque menée sur la base de renseignements précis[4]. Sur le terrain, les

1. Abdallah Bagdad, Haydar Eloui, 'Alî Al-Mousawi, *France 24*, 17 juin 2014.

2. Jessica Lewis, « The Islamic State of Iraq returns to Diyala », Institute for the Study of War, avril 2014.

3. Informations de la chaîne irakienne *Al-Ikhbariya*, citée par *Ria Novosti*, 3 septembre 2014.

4. AFP, 4 septembre 2014.

ennemis de Daesh ont donc trouvé des informateurs… Les bombardements aériens conjugués aux opérations de Bagdad et des Peshmergas ont vraisemblablement contraint l'EI à envisager une nouvelle tactique en trouvant refuge dans les zones urbaines, où les attentats n'ont jamais cessé[1]. Ce recul tactique indique aussi la rapidité de redéploiement des combattants, qui savent jouer sur des frontières internationales qui, pour eux, n'existent plus.

L'organigramme de Daesh est particulièrement souple et décentralisé, comme l'exige la fidélité des tribus sunnites. La tête est al-Baghdâdî, mais rien n'indique que son pouvoir soit absolu. Il s'est adjoint un bras droit pour les provinces irakiennes et un autre pour diriger les opérations en Syrie, tous deux officiers de l'armée de Saddam Hussein[2]. Le premier, Abû Muslim al-Turkmani, est un ancien général des services de renseignement qui a rejoint les insurgés sunnites contre les Américains. Il a sous ses ordres les gouverneurs des sept provinces irakiennes transformées en *wilaya* islamiques[3]. Le second, Abû 'Alî al-Anbari, est originaire de Mossoul et mène la lutte contre le régime de Bachar al-Assad. S'ajoutent sept délégués qui composent l'exécutif, chacun ayant la charge d'un domaine spécifique allant des prisonniers à la sécurité en passant par l'accueil des

1. Rapport de situation des 25-26 septembre de l'Institute for the Study of War.
2. Abdallah Suleiman Ali, Steffi Chakti, « ISIS gains from Iraqi military defectors », *Al Monitor,* 11 juin 2014.
3. Alex Bilger, Institute for the Study of War, 28 mars 2014.

combattants arabes et étrangers. Au moins trois d'entre eux sont d'anciens militaires ou combattants parmi les rebelles syriens, dont deux méritent une attention particulière : Abû Salah, de son vrai nom Mu'afaq Mustafa Muhammad al-Karmoush, responsable des finances des provinces irakiennes et ancien général de l'armée de Saddam Hussein ; et Abû 'Umar al-Shishani, ancien officier géorgien ayant rejoint le djihâd en Syrie, qui a selon toute probabilité remplacé Abû 'Abdul Rahman al-Bilawi – tué en juin 2014 à Mossoul – à la tête des troupes de l'État Islamique.

Ce noyau dur de chefs expérimentés mêlant officiers et djihadistes de longue date, peut-être élargi à d'autres individus, forme la *shûrâ* (*madjlis al-shûrâ*), le conseil politique, religieux et militaire de Daesh. À ce « gouvernement » sont rattachées deux branches : la partie tactique qui procède aux enlèvements et aux attentats, et une branche médiatique chargée de la diffusion des informations et des vidéos, en lien avec les organismes comme al-Furqân. Chacune comprend plusieurs cellules. Daesh donne ses directives opérationnelles à l'*Armée islamique d'Irak*, composée de plusieurs brigades (renseignement, infanterie, missiles), mais n'hésite pas à sous-traiter certains enlèvements à d'autres groupes islamistes, voire à des gangs et groupes de bandits. Enfin, un tribunal religieux est habilité à délivrer des *fatwas*, c'est-à-dire des avis juridiques ayant autorité sur les musulmans.

Mais cette structure centrale qui donne les grandes orientations et fixe les campagnes sur le terrain, doit composer avec les hiérarchies tribales auxquelles elle s'est associée, et faire face aux dérives autonomistes des katibas, c'est-à-dire des compagnies, dont les chefs cherchent à se distinguer les uns des autres. La tendance au fractionnement est d'ailleurs inscrite dans l'histoire du califat abbasside. Pour « commander le bien et interdire le mal », les califes délèguent leurs pouvoirs et ne gardent que la symbolique de l'autorité. Le calife n'est pas d'abord le chef des troupes, mais il leur donne sa *baraka* en nouant comme Muhammad son étendard à la lance du commandant. Il imite le prophète qui déléguait ses pouvoirs. Lorsque la situation militaire sera stabilisée, al-Baghdâdî fera de même et s'effacera, devenant ainsi un personnage intouchable, lointain, et donc tout-puissant.

Contrairement à la « vieille » al-Qaïda, pyramidale, secrète, autoritaire, transnationale, Daesh se veut moderne, ouvert, enraciné et urbain. Pour al-Zawahiri, chef d'al-Qaïda, les membres doivent rester dans leur pays pour constituer une branche terroriste qui déstabilisera la société et contraindra les musulmans à se radicaliser. L'EI en revanche veut promouvoir l'émigration dans la nouvelle terre sainte. Après un temps d'épreuve des jeunes recrues, on les responsabilise en leur offrant la possibilité de grimper les échelons. L'attentat-suicide n'est qu'une option, alors qu'il est inévitable chez al-Qaïda. Pour beaucoup de djihadistes, al-Qaïda est une marque respectable, prestigieuse, mais vieillie, voire dépassée[1].

1. Charlotte Boitiaux, *France 24*, 5 septembre 2014.

# PÉTROLE ET FINANCEMENT

L'État islamique ne peut durer que par de nouvelles recrues et au moyen d'un financement régulier et important. Avant les récents succès, celui-ci provenait de dons de fonds privés locaux ou internationaux – tout accuse le Qatar[1] –, de rançons, de pillages, de barrages et de prélèvements forcés[2]. En Syrie et en Irak, l'État islamique pratiquait la prise d'otages occidentaux, et en a séquestrés jusqu'à une trentaine, journalistes, humanitaires, un prêtre italien. Si les États-Unis refusent toute négociation, le gouvernement français se prête au jeu des rançons. À Raqqa, le lieu d'incarcération des otages, le responsable de la détention était un religieux irakien, ses trois adjoints des citoyens britanniques originaires d'Irak ou du Golfe persique, et les gardiens des Français de l'immigration[3].

Mais la stratégie budgétaire de l'EI ne peut plus se contenter de ces « expédients », s'il veut passer pour un État constitué. Le pillage des biens d'équipement sera bientôt tari par épuisement, tout comme la *djizya* versée par les non-musulmans, partis en masse[4]. « Toute personne considérée comme apostat ou mécréant peut

1. Le ministre allemand de l'aide au développement Gerd Müller met en cause directement le Qatar, mais l'apport de ce dernier ne dépasserait pas 5 % du financement de l'EI, *L'Orient, Le Jour*, 21 août 2014.

2. « Daech et l'argent », *L'Orient, Le Jour*, 30 juin 2014.

3. Jean-Pierre Perrin, *Libération*, 13 juin 2014.

4. *Ibid.*

être dépouillée de tous ses biens »[1]. Mais ces fonds n'ont aucune pérennité.

Depuis l'été 2014, le trésor de guerre de Daesh serait passé de 800 millions à deux milliards de dollars, dont un milliard tiré du pétrole en Syrie et en Irak, 430 millions venant du pillage des banques de Mossoul et du Conseil provincial[2], 100 millions pour la fabrication de fausse monnaie et de billets dépréciés, et 40 millions du trafic d'antiquités et d'œuvres d'art issues des musées irakiens. On ne sait combien rapporte l'esclavage. Sept cents femmes yézidies ont été payées 150 dollars « la pièce »[3]. Le Califat est la plus riche organisation terroriste du monde. Bien placé, l'argent volé ou reçu pourrait permettre à l'EI de continuer sa conquête. Mais une aubaine comme les fonds bancaires de Mossoul ne pourra plus se reproduire avant longtemps, aussi Daesh doit-elle améliorer son auto-financement.

Avec la conquête d'une assise territoriale, l'EI peut désormais compter sur des impôts, des revenus publics, des taxes, des péages aux frontières avec la Turquie et sur une population, mais celle-ci est instable et les tribus peuvent se retourner contre leur nouveau maître. La tribu des Shammar s'est mobilisée pour aider à financer l'EI en utilisant notamment ses liens de sang avec les

1. « La vie quotidienne à Mossoul, sous le califat », *Media24*, 12 août 2014.

2. Catherine Gouëset, « Peut-on arrêter la progression de l'État islamique en Irak et au Levant ? », *L'Express*, 11 juin 2014.

3. Elie Masboungi, « À Mossoul, 700 femmes yazidies ont été vendues sur la place publique à 150 dollars pièce », *L'Orient, Le Jour*, 15 août 2014.

Shammar d'Arabie Saoudite[1]. Mais la grogne monte et certains shaykhs s'inquiètent de savoir si le butin sera partagé et où est passé l'argent. On parle de transfert des fonds vers la Syrie[2]. Quant au territoire lui-même de Daesh, il est loin d'être entièrement sous contrôle, puisque plusieurs villes de Syrie doivent être partagées avec d'autres groupes djihadistes en raison d'accords opportunistes (Raqqa, Deir al-Zor) ; le gouvernement de Bagdad garde la maîtrise de localités situées en plein cœur des espaces de l'EI (Haditha, Ramadi), tandis que des cités ayant basculé sous la coupe du Califat se trouvent loin de ses bases, encerclées par les milices shiites et l'armée de Bagdad (Khanaqin). Il faudra encore des semaines de combats et le ralliement de nouvelles tribus pour unifier ce patchwork et reconstruire les infrastructures. D'ici là, les frappes aériennes risquent de désorganiser un peu plus les communications et donc la cohérence de l'ensemble.

Pour se développer, l'État islamique peut surtout compter sur la manne pétrolière qui rapporte 3 millions de dollars par jour[3]. L'annexion des champs pétrolifères de l'ouest de Mossoul (Nadjmeh, al-Qiyareh), de Tikrit et de Falloujah a lancé une contrebande de pétrole très lucrative, particulièrement vers la Jordanie et la

1. Jean Comte, « Qui soutient l'État islamique ? », *La Croix*, 18 août 2014.

2. Cécile Hennion, « Ces alliances hétéroclites qui renforcent l'EIIL en Irak », *Le Monde*, 20 juin 2014.

3. « La vente de pétrole apporte trois millions de dollars chaque jour à l'EIIL », *Anadolu Agency*, 26 août 2014. Le chiffre est surévalué par l'agence.

Turquie[1]. La baisse de la vente d'essence sur le marché légal turc le confirme[2]. La question du pétrole est une clé primordiale du conflit, c'est pourquoi les frappes américaines de septembre ont d'abord visé les gisements du nord de l'Irak et de Deir al-Zor[3]. En quelques jours, l'EI a fait cesser l'exploitation. De leur côté, ni la Chine ni la Turquie n'ont encore rien entrepris pour empêcher les exportations au marché noir. Toutes les compagnies présentes en Irak ont intérêt à fluidifier la circulation des hydrocarbures, quitte à s'accommoder de la présence de Daesh. Le Kurdistan irakien, malgré son hostilité claire envers le Califat, profite toutefois de ces trafics, puisqu'ils transitent par son territoire et non pas à travers le grand oléoduc Bagdad-Ceyhan.

Mais la ressource pétrolière de l'EI sera difficile à exploiter dans le contexte international très hostile. Même si les puissantes compagnies ou l'Arabie Saoudite cherchent à en tirer profit en sous-main, les trafics seront surveillés et peuvent être confisqués. Avec les combats et la violence de Daesh, toute la logistique pétrolifère a été interrompue : les personnels d'extraction et des raffineries ont été réduits ou sont partis, surtout les ingénieurs ; le transport du brut vers la Turquie est assuré par camions citernes et non plus par oléoducs, et une

1. « Irak : L'EIIL vend le pétrole irakien », IRIB, 2 juillet 2014.

2. *La Croix*, 18 août 2014. « Il y a, à l'heure actuelle en Turquie, une baisse de la consommation chez les grossistes », selon Alain Rodier, directeur du Centre français de recherche sur le renseignement, ancien officier supérieur des Services de renseignement français.

3. *Ria Novosti*, 26 septembre 2014.

colonne de véhicules s'interrompt facilement[1]. Enfin, l'essentiel des gisements irakiens se situent dans le sud, près de Basra, dans le Kurdistan autour de Kirkouk, et dans l'est dans la province de Maysan, c'est-à-dire qu'ils sont totalement hors d'atteinte du Califat. 80 % des exportations pétrolières transitent par le port de Basra, alors que les capacités de stockage manquent cruellement dans la partie sunnite. La guerre pour le pétrole n'est donc nullement gagnée pour Daesh.

1. « Irak : L'EIIL vend le pétrole irakien », agence précitée.

# CARTE DE LA SITUATION GÉOPOLITIQUE INDUITE PAR L'ÉTAT ISLAMIQUE

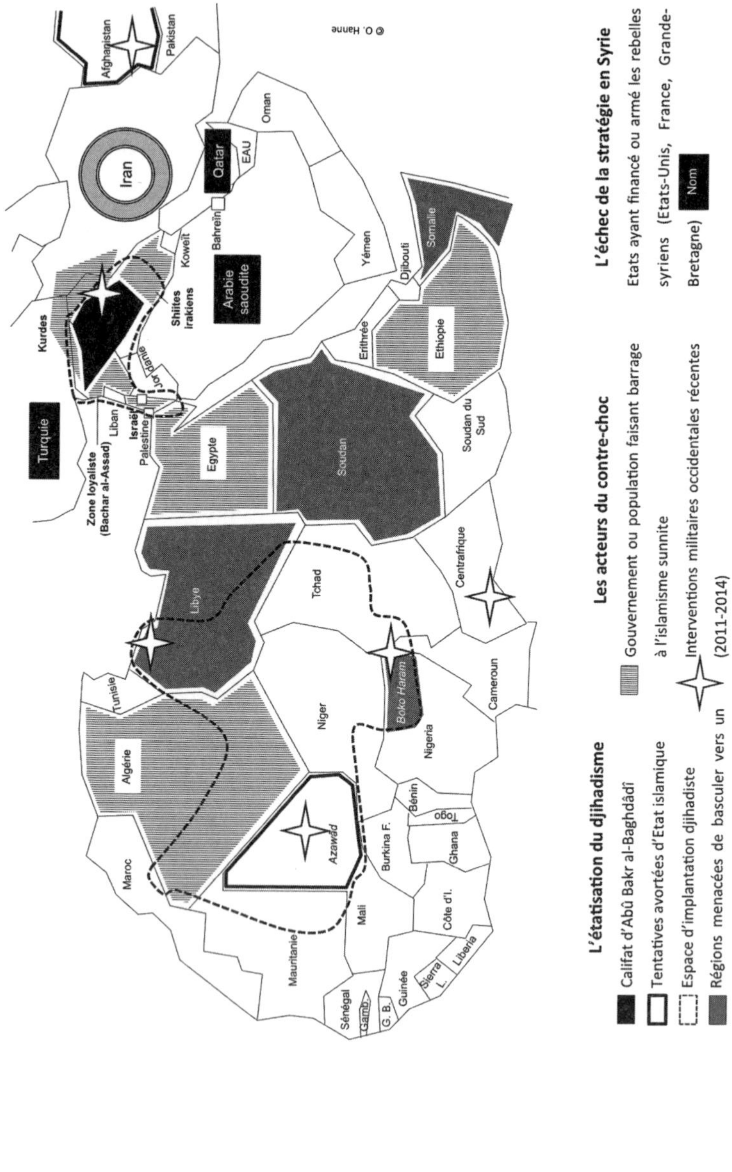

# L'État islamique recompose le Moyen Orient

## L'EXTENSION DE LA MENACE

L'État islamique n'est plus une menace pour le Proche Orient puisqu'il l'a déjà entièrement redessiné et la balkanisation de la région est en cours. Daesh est devenu un enjeu international qui touche l'ensemble du monde musulman. Le 27 juin, en Syrie, alors que le Congrès américain lève un budget de 500 millions de dollars pour financer l'opposition modérée, l'ASL doit dissoudre son Conseil supérieur militaire, accusé de corruption. La raison officieuse serait son incapacité à affronter à la fois le régime et l'État islamique. Certains officiers seraient même passés au service de Daesh[1]. Cette décision signe l'échec du mouvement laïc de résistance à Bachar al-Assad. La rébellion n'a désormais plus qu'un visage djihadiste. Dès la fin de l'été 2014 se lisent les premiers signes d'une contagion régionale en faveur du Califat : le 11 septembre, l'armée libanaise est accrochée à Ersal, dans les montagnes de l'est, par

1. Maha Salem, *Al-Ahram Hebdo*, 2 juillet 2014.

des combattants se réclamant de l'EI et d'al-Nosra[1]. La capture de 24 policiers libanais et la décapitation de l'un d'eux déclenchent une vague d'indignation dans le pays[2]. Le Hezbollah shiite annonce aussitôt son engagement militaire contre Daesh[3]. En Arabie Saoudite, au Yémen et en Jordanie, des groupuscules se réclamant de l'EI font leur apparition[4].

Sur le plan militaire, si Daesh parvient à stabiliser son avance en Syrie et en Irak, ses prochaines cibles seront assurément l'Arabie Saoudite et la Jordanie, dont la petite armée, même entraînée par la France et les États-Unis, aura bien du mal à résister. En revanche, côtés turc et iranien, l'EI ne peut espérer obtenir de succès, tant les deux pays sont surarmés. Mais l'extension peut surtout prendre la forme d'une contamination d'émirats. La Libye est probablement la plus menacée par le modèle de Daesh auquel elle pourrait prêter allégeance. Le 26 juin, la cellule officielle d'al-Qaïda au Maghreb reconnaît le Califat par la voix de son shaykh al-'Âsamî, imité le 16 septembre par le groupe *Abû Sayyaf* aux Philippines. Deux jours auparavant, une cellule d'AQMI se séparait de sa maison-mère et créait une filiale de Daesh en

1. Le Front al-Nosra a explicitement menacé le Liban et le Hezbollah et appelé à la solidarité avec les sunnites syriens réfugiés dans le pays, *L'Orient, Le Jour*, 26 et 27 septembre 2014.

2. Raniah Salloum, « Protest gegen Islamisten, Libanesen starten Burn-IS-Flag-Challenge », *Spiegel*, 4 septembre 2014.

3. IRIB, 11 septembre 2014 ; *France 24*, 5 septembre 2014.

4. Samar Al-Gamal, *Al-Ahram Hebdo*, 20 août 2014. En Jordanie, onze djihadistes de l'EI sont arrêtés le 22 septembre (agence *Chine nouvelle*).

Algérie : *Les soldats du Califat en Algérie*[1]. Ils sont aussitôt responsables de la décapitation d'un guide touristique français en Kabylie, déclenchant une vague d'indignation sans précédent en métropole. « Ô Calife, nous sommes votre armée en Algérie », lance un communiqué officiel[2]. Le 21, le mouvement tunisien des *Frères mudjahidines de Okba ibn Nafaâ* faisait de même[3]. Au Nigéria, Abubakar Shekau, chef du mouvement Boko Haram, prête fidélité à al-Baghdâdî le 13 juillet avant de se proclamer lui-même calife le 24 août : « Nous sommes dans le Califat islamique. Nous n'avons rien à faire avec le Nigéria »[4]. La place étant déjà prise et Shekau ne pouvant prétendre avoir des origines mecquoises, son titre est vide de sens. L'imitation, si ridicule soit-elle, manifeste toutefois l'ampleur de la contagion.

Les sources sécuritaires algériennes affirment qu'il existe « des dizaines de cellules qui prennent en charge le transfert de djihadistes et d'armes de la Libye jusqu'en Syrie ou en Irak et des groupes militaires et paramilitaires qui ont proclamé leur adhésion à l'État islamique »[5]. La branche libyenne de l'organisation terroriste *Ansar al-Sharî'a*, dont les camps d'entraînements se situent dans l'est du pays, est susceptible d'avoir recruté et formé de

1. « Algeria's al-Qaeda defectors join IS group », *Al-Jazeera*, 14 septembre 2014.

2. David Thomson, « Assassinat d'Hervé Gourdel : Les origines du groupe Jund al-Khalifa », RFI, 26 septembre 2014.

3. *Al Watan*, 22 septembre 2014.

4. Cyril Bensimon, « Boko Haram annonce la formation d'un califat islamique dans le nord du Nigéria », Le Monde, 26 août 2014.

5. Mélanie Mataresse, « L'État islamique gagne du terrain au Maghreb », *Le Figaro*, 22 août 2014.

# LES DIVISIONS AU SEIN DU DJIHADISME SUNNITE

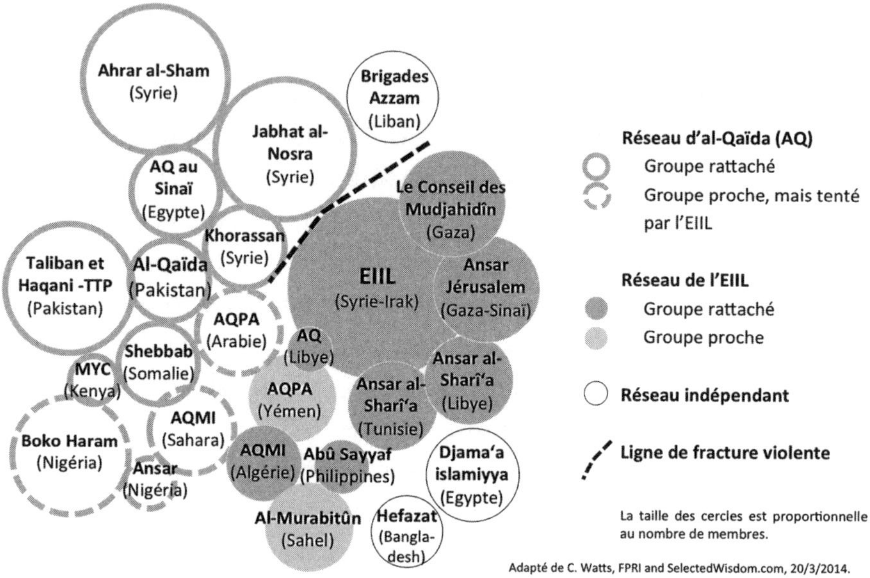


Adapté de C. Watts, FPRI and SelectedWisdom.com, 20/3/2014.

jeunes tunisiens, algériens et marocains afin qu'ils aillent combattre en Syrie chez Jabhat al-Nosra ou l'EIIL. Cependant, cette mouvance n'a pas encore officiellement reconnu le Califat, contrairement au groupe tunisien dirigé par Seifallah Ben Hassine[1].

Il sera toutefois très difficile sur le plan logistique d'assurer la cohésion de l'ensemble de ces cellules isolées, d'autant que l'Algérie et l'Égypte du général al-Sissi ont fait de la lutte contre le terrorisme leur priorité, avec efficacité mais brutalité. En empêchant les déplacements des djihadistes vers l'Irak et la Syrie depuis le Maghreb et la Libye, un contrôle sécuritaire trop serré pourrait avoir une incidence que l'on feint d'ignorer : l'infiltration vers l'Europe de plusieurs centaines de ces combattants prêts à tout[2].

## LES ISLAMISMES DOS À DOS

L'instauration audacieuse du Califat ne fait pas l'unanimité dans le monde de l'islamisme, et d'abord dans la maison-mère qu'est al-Qaïda. Les raisons qui les opposent sont à la fois religieuses, stratégiques, financières, mais aussi de prestige. Les ambitions contraires et les personnalités tranchées que sont al-

1. Entretien avec Aaron Zelin, chercheur américain associé au think tank ICSR, « Aaron Zelin, en Libye, Ansar al-Charia n'a pas subi de défaite », RFI, 29 mai 2014 ; Bernard Lugan, « Libye : est il encore possible d'empêcher la création d'un État islamique d'Afrique du Nord ? », bernardlugan.blogspot.com.

2. Bernard Wicht, professeur de stratégie à l'université de Lausanne, « La petite révolution tactique de l'État islamique en Irak », *L'AGEFI*, 19 septembre 2014. Le 22 septembre l'État islamique exhorte les musulmans à tuer des Français et les Américains. Le jour même, le Français Hervé Gourdel est enlevé en Algérie puis exécuté deux jours plus tard (AFP).

Baghdâdî et al-Zawahiri, successeur de Ben Laden, ont largement creusé les dissensions entre leurs mouvements. Les leaders sont de deux générations différentes, l'un est un « djihadiste 2.0 » qui a surtout connu l'occupation américaine, tandis que l'autre est un *mudjahid* (soldat du djihâd) de la vieille école, celle des Tours jumelles et qui a vécu des années terré dans les montagnes d'Afghanistan. Les cadres d'al-Qaïda sont généralement issus des élites sociales de leur pays, contrairement à l'EI, où l'ascension est plus rapide et la base plus populaire[1].

Stratégiquement, al-Zarqawi, chef de l'*Unicité et le djihâd*, ancêtre de l'EI, s'affranchissait déjà des directives d'al-Qaïda, et al-Baghdâdi ambitionnait dès 2008 l'étatisation du djihadisme. Or, ni Ben Laden ni al-Zawahiri n'avaient réellement planifié de vision territoriale de leur mouvement, les rares tentatives ayant été des échecs patents[2]. La vision régionale de l'État islamique ne coïncide pas avec l'internationalisme d'al-Qaïda qui peut y voir un attachement aux structures nationales qui divisent les musulmans. Le takfirisme d'al-Qaïda est bien moins rigide que celui de Daesh qui excommunie les shiites en bloc, mais aussi nombre de sunnites. Sa terreur médiatique est sans commune mesure avec celle des cellules d'al-Qaïda qui montrent dans leurs vidéos des prisonniers bien traités[3]. Quant

1. François Burgat, directeur de recherche à l'IREMAM, interrogé par *JOL Press*, 9 septembre 2014.

2. Brian Fishman, « Redefining the Islamic State », New America Foundation, août 2011.

3. C'est le cas du groupe AQPA, *cf.* Dominique Thomas de l'EHESS, interrogé par

au rétablissement du Califat, le mouvement de Ben Laden ne pouvait y songer puisque, depuis la chute de Bagdad en 1258, la théorie politique sunnite se défie des monarchies et du système dynastique[1].

L'éloignement entre les deux mouvances djihadistes est devenu tel que, fin août 2014, la plateforme Al-Minbar de l'EI s'en est pris plusieurs fois au numéro 1 d'al-Qaïda, al-Zawahiri. La concurrence entre eux en Inde est maintenant féroce[2]. En effet, l'EI a lancé une campagne de recrutement dans la région indo-pakistanaise ; avec 180 millions de musulmans, l'Inde est un vivier potentiel de militants, mais peu se sont déjà affiliés à un groupe terroriste. Le chef d'al-Qaïda a annoncé le 3 septembre la fondation d'une cellule indienne, peu après l'éclatant succès de Daesh en Irak, sans doute pour reprendre la main dans un nouvel espace stratégique.

La concurrence avec al-Qaïda renforce l'hostilité d'autres mouvements contre Daesh. Le *Front islamique*, qui est une fédération hétéroclite anti-Bachar en Syrie, s'oppose depuis 2013 à l'EIIL et des affrontements entre eux ont eu lieu en janvier 2014. Le 20 juin 2014, à Hawidja (à 50 km de Kirkouk), des heurts ont éclaté entre

*Le Monde,* 16 juin 2014.

1. Attitude renforcée par l'alliance entre la monarchie saoudienne et les États-Unis. Le qadi de Damas, Badr al-Dîn ibn Djamâ'a (mort en 1333), illustre cette approche sans illusion du pouvoir politique : « Le souverain a le droit de gouverner jusqu'à ce qu'un autre plus fort s'empare du pouvoir et gouverne à sa place ; tout gouvernement, même s'il existe des raisons pour le critiquer, est meilleur qu'une vacance du pouvoir ; entre deux mots, il faut choisir le moindre », cité par D. Aigle, « La conception du pouvoir dans l'islam… », *op. cit.*, p. 39.

2. Ulrike Putz, « Neue Kämpferzelle in Indien, Al-Qaida und IS streiten sich um Terror-Nachwuchs », *Spiegel*, 4 septembre 2014.

des hommes de l'EI et les rebelles baassistes de l'*Armée des hommes de la Naqshbandiyya*, faisant au moins 17 morts[1]. Les affrontements sur le terrain entre katibas déçoivent une partie des recrues de l'EI, comme en témoignent 30 combattants revenus en Grande-Bretagne[2]. Les combats en Syrie contre al-Nosra paralysent l'unité islamiste contre al-Assad. L'exaspération du monde djihadiste a finalement atteint un point tel que la branche d'al-Qaïda en Arabie Saoudite (AQPA : *Al-Qaïda dans la Péninsule arabique*), basée au Yémen, et celle d'Afrique du Nord et de l'Ouest (AQMI : *Al-Qaïda au Maghreb islamique*) ont appelé conjointement les combattants de Daesh et d'al-Nosra à cesser leurs luttes intestines : « Arrêtez de vous battre et dressez-vous comme un seul homme contre la campagne américaine et son alliance satanique »[3]. De fait, si l'inquiétude médiatique se concentre sur l'EI, la mouvance opposée, al-Nosra, paraît bien équipée, très implantée dans ses bases du nord et de l'est syrien, et tout aussi dangereuse. Les États-Unis ne s'y sont pas trompés en bombardant en Syrie les deux organisations à la fois. Pourtant, effet pervers des frappes aériennes : al-Nosra semble prêt à rejoindre Daesh dans cette « guerre contre l'islam »[4].

1. Laurent de Saint-Périer, *Jeune Afrique*, 4 juillet 2014.

2. « Hilferuf aus Syrien : Britische Dschihadisten wollen nach Hause », *Spiegel*, 5/9/2014. Le djihadiste français Mourad Fares quitte l'EIIL en janvier 2014 pour les mêmes raisons, *cf.* Olivier Toscer, « Djihad en Syrie, Mourad Fares, star de la djihadosphère », *Le Nouvel Observateur*, 12 septembre 2014.

3. Jean-Pierre Perrin, « Al-Qaeda au Yémen et au Maghreb appellent au jihad commun », *Libération*, 16 septembre 2014.

4. Déclaration d'Abû Firas al-Sûri, chef d'al-Nosra à *Al Jazeera*, 28 septembre 2014.

Toutes ces querelles intègrent des conflits de personnes, mais renvoient surtout à des fractures anciennes dans l'islamisme sunnite, qu'il soit guerrier ou pas. L'ensemble des militants sont les héritiers de la *Salafiyya*, ou « salafisme », qui est un courant réformateur né à la fin du XIX^e^ siècle en Égypte, visant à régénérer l'islam en revenant à la tradition représentée par les « pieux Anciens » (*al-salaf al-sâlih*). Prenant conscience de l'état de subordination des sociétés musulmanes par rapport à ce qu'elles ont été dans le passé, le salafisme propose le retour à une foi épurée, le rappel de l'unicité absolue de Dieu et une pratique scrupuleuse du culte. Il convient pour cela de débarrasser l'islam des pratiques mystiques (soufisme) et médico-magiques (maraboutisme)[1], ce que Daesh applique à la lettre en détruisant les mosquées-mausolées. Les salafistes s'en prennent dès les années 1880 au « clergé sunnite » subventionné par la France coloniale, et encore aujourd'hui ces mouvements dénoncent la collusion entre la République et les imâms du Conseil français du culte musulman (CFCM).

Mais le salafisme pur ne satisfait pas tous les fidèles, car son rigorisme est détaché des contingences du monde. C'est une forme de quiétisme, d'abandon à la volonté divine, de priorité donnée à l'éducation et à la piété.

1. Le soufisme cherchant l'unité spirituelle en Dieu, il porte atteinte à la grandeur de Dieu. Le maraboutisme est considéré comme un paganisme. On s'en prend aussi à la vénération des mausolées des shaykhs défunts, vus comme des saints par la population. Cette attitude relève de l'idolâtrie pure et simple. Sur les origines de l'islamisme, *cf.* Gilles Kepel, *Jihad, expansion et déclin de l'islamisme*, Gallimard, 2000 ; Bruno Étienne, *Islam, les questions qui fâchent*, Bayard, 2003.

Aussi le salafisme fit-il naître une mouvance politique, dont la première incarnation fut l'association des *Frères musulmans*, fondée en Égypte par Hasan al-Bannâ en 1928. Pour ce dernier, l'islam est un ordre révélé, inégalable, dont la vocation est de structurer toute la vie collective. Convaincus par l'égalitarisme islamique, les Frères font du développement social : alphabétisation de masse, scolarisation des filles, création de dispensaires. Politiquement, al-Bannâ a confiance dans l'intelligence des masses, accepte le système électoral pour créer un État musulman fondé sur la sharî'a : « Le Coran est notre constitution ». Mais l'homme est assassiné en 1949 et les Frères persécutés depuis. Toutefois, par rapport au salafisme initial, l'association ne refuse pas le soufisme, ni la démocratie (tant qu'elle est au service de la religion), ni l'idéal du califat[1].

Enfin, le salafisme djihadiste se veut révolutionnaire et donc violent. Les forces sataniques – occidentales ou *kufar* – empêchant la réalisation du rêve islamique, le djihâd devient une nécessité. Les trois visages du salafisme puisent donc à une même « matrice idéologique », mais la concrétisent différemment[2]. Ces approches expliquent les prises de position variées et évolutives des islamistes envers l'EI. Les quiétistes peuvent apprécier sa dimension rigoriste mais pas le projet politique. Les salafistes politiques peuvent se reconnaître dans le Califat,

---

1. B. Étienne, *op. cit.*, p. 115-116. « Ces groupes rappellent que la formule orthodoxe de la cité idéale musulmane doit respecter l'ordre suivant : la religion (*dîn*) avant le monde (*dunya*) et avant l'État (*dawla*) » (*op. cit.*, p. 90).

2. *L'Orient, Le Jour*, 1er septembre 2014.

mais pas dans ses exactions ; quant aux djihadistes ils regardent sévèrement les autres qui ne participent pas à la lutte armée. Et il suffit d'une vidéo sur internet, d'un bombardement américain ou d'une décapitation pour faire passer quelqu'un d'un salafisme à un autre.

## L'ARABIE SAOUDITE, UN DÉÇU DE L'ÉTAT ISLAMIQUE ?

L'Arabie Saoudite a joué la carte du salafisme politique en Syrie et en Irak pour mieux contrer le rapprochement élaboré depuis 2003 entre l'Iran, l'Irak d'al-Mâliki et la Syrie de Bachar al-Assad, réseau noué avec la complicité tacite de la Russie, voire de la Chine[1]. Dans cet affrontement, l'Arabie Saoudite a été soutenue par la Turquie, Israël et les pays du Golfe, c'est-à-dire l'ensemble du bloc rallié aux États-Unis. Les agences d'information proches d'al-Assad, comme l'IRIB iranienne, ou les officines du Hezbollah, assurent que les Saoudiens ont créé de toutes pièces l'État islamique en coordination avec les États-Unis pour garantir leurs intérêts pétroliers et briser le « front du refus » à l'Occident (Syrie, Iran, Hamas, Hezbollah). Est-il possible que l'islamisme saoudien ait nourri l'islamisme de l'EI, avant de se retourner contre lui ?

L'Arabie Saoudite se sent menacée par « l'ennemi numéro un de l'islam »[2], car l'EI est particulièrement

1. Les projets qataris sont régulièrement dénoncés par les défenseurs de l'« arc shiite ».

2. « Les idées de l'extrémisme et du terrorisme n'ont absolument rien à voir avec l'islam et sont d'ailleurs son ennemi principal, tout comme les musulmans en sont

hostile à l'impérialisme américain et à la dynastie des Séoud, considérée comme corrompue[1]. À terme, si Daesh devait perdurer, il ne pourrait plus s'étendre vers les terres shiites ni turques, en raison de la puissance militaire de l'Iran et d'Ankara. En revanche, le nord de l'Arabie Saoudite pourrait constituer un réservoir de conquêtes[2]. Le pays a donc massé 30 000 hommes au nord et vient d'achever l'installation d'un vaste mur de protection de 900 km sur sa frontière avec l'Irak.

Mais l'opposition de Ryad n'est pas aussi ferme qu'il n'y paraît. Son engagement aux côtés des États-Unis lui permet surtout de « répondre à l'accusation de plus en plus étayée d'alimenter les réseaux d'al-Qaïda »[3]. Les promesses de participation de Ryad à la coalition internationale annoncée le 11 septembre par Barack Obama contre l'EI concernent uniquement les domaines humanitaire et logistique : le royaume fournira des fonds pour les réfugiés et prêtera ses bases aériennes et navales, mais aucune troupe ni aucun matériel militaire[4]. Quant

---

les premières victimes », propos du grand mufti du royaume, le shaykh 'Abdel 'Aziz Al-Cheikh, communiqué publié par l'agence saoudienne *Saoudy Press Agency* (SPA) le 19 août 2014. Cependant, le shaykh s'est déclaré contre l'EI car il tue des musulmans, sans évoquer les minorités.

1. Le 25 septembre 2011, le roi accorde le droit de vote et l'éligibilité aux femmes pour les élections municipales, seul type d'élection existant dans ce pays. Le 11 janvier 2013, le roi appelle 30 femmes à siéger au Conseil, soit 20 % des 150 membres.

2. AQPA est très influent au Yémen, pays qui pourrait constituer une base d'assaut vers l'Arabie Saoudite. AQAP a déclaré sa « solidarité » avec des « frères de l'EI » qui combattent en Irak et en Syrie.

3. Tossa Mustapha, « L'Arabie Saoudite entre en guerre contre les Frères Musulmans », *www.huffingtonpost.fr*, 17 mars 2014.

4. *Le Nouvel Observateur*-AFP, 9 septembre 2014.

à la population saoudienne, elle ne manifeste pas d'hostilité envers Daesh[1].

En réalité, Ryad profite actuellement de la désorganisation de la production pétrolière irakienne, laquelle peut augmenter les prix et offrir à l'Arabie Saoudite de nouveaux débouchés. Un apaisement rapide de la crise en Syrie-Irak risquerait de relancer la concurrence pétrolière. La seule menace pérenne pour la monarchie saoudienne n'est pas tant l'État islamique – car elle compte sur l'appui des États-Unis pour se défendre – que l'Iran shiite, ennemi de toujours. Avec ses 80 millions d'habitants, son armée milicienne et sa présence au nord du Golfe persique, l'Iran est sa véritable obsession. C'est contre Téhéran que l'Arabie Saoudite avait subventionné Saddam Hussein pendant la guerre de 1980-1988. C'est contre al-Assad, allié de l'Iran, que la monarchie avait largement soutenu le salafisme djihadiste en Syrie[2]. D'ailleurs, suite à la rencontre internationale de Djeddah, le 11 septembre 2014, Ryad a suggéré d'entraîner sur son sol les soldats de l'opposition syrienne prêts à se battre contre l'EI et Bachar al-Assad. Cette proposition révèle bien les ambiguïtés saoudiennes qui souhaite élargir la coalition contre al-Baghdâdî à une lutte contre al-Assad.

Cependant, les Saoudiens étant des pragmatiques, si la menace de l'EI venait à devenir trop pressante, ils se

1. Frédéric Pichon, interrogé par *Le Figaro,* 12 septembre 2014.

2. L'IRIB affirme que le royaume recrute des djihadistes pakistanais pour aller combattre en Syrie et leur verse un salaire (2 juillet 2014).

rangeraient pleinement dans la lutte. Sachant que leur armée est trop réduite, ils confieraient les opérations aux États-Unis et s'occuperaient de la « diplomatie du chéquier » comme ils sont habitués à le faire.

Mais au-delà des enjeux économiques et diplomatiques, le positionnement saoudien doit être aussi compris selon l'angle doctrinal. Au XVIIIe siècle, Muhammad ibn 'Abd al-Wahhâb (mort en 1792) constitua dans la région désertique du Nedjd un micro-État professant le wahhabisme. Ce courant dogmatique et littéraliste se fait le champion du *tawhîd*, l'unicité divine, en combattant activement toute trace de *shirk* : les pratiques innovantes dans la religion et la société, sans rapport avec celles du temps du prophète[1]. La Mecque du VIIe siècle est l'unique modèle politique. Tous les traités écrits après cette période sont des innovations blâmables (la *bid'a*). Pour lutter contre le *shirk*, il faut redresser les musulmans et vaincre le vice, par la force si besoin, ce qui nécessite un bras séculier et donc une monarchie. À partir de 1902, Ibn Séoud créa lui aussi un État wahhabite qu'il étendit jusqu'à conquérir le Hedjâz avec Médine et La Mecque en 1925 après avoir renversé l'émir Hussein ibn 'Alî. Contrôlant les villes saintes, il instaura la réforme wahhabite dans la péninsule tout en tirant profit des revenus pétroliers dont il confia l'exploitation aux compagnies américaines. Avec les énormes fonds dégagés, sa famille tentaculaire (les princes saoudiens dépassent le millier d'individus) put soutenir l'islamisme

1. Certaines inclinaisons et la pratique du chapelet sont vivement rejetées.

mondial. Les coutumes saoudiennes sont devenues omniprésentes en terre d'islam (tunique blanche, barbe fournie et taillée, niqab noir pour les femmes...).

Mais le modèle wahhabite est loin d'être une norme universellement acceptée. Parce qu'il est sunnite, il est bien sûr rejeté par les shiites, mais aussi chez nombre de salafistes. En effet, le wahhabisme est indissociable du système monarchique, profondément anti-démocratique, alors que les courants salafistes – et les hommes de Daesh – sont tous acquis à l'idée d'égalité entre musulmans et à un certain partage du pouvoir. De plus, le royaume saoudien a, dès sa naissance, accepté l'alliance avec les États-Unis, or ce réalisme politique est jugé comme une trahison.

La nature du wahhabisme et les choix de la monarchie expliquent les antagonismes avec l'État islamique. Ce sont deux islamismes étatiques radicalement différents. Tant que Daesh n'était qu'une branche indistincte du salafisme syrien qui luttait contre Bachar al-Assad, l'Arabie Saoudite pouvait le financer sans crainte, d'autant que le pays en avait reçu l'autorisation de l'ONU et de l'Occident. Mais désormais al-Baghdâdî n'est plus un sous-traitant et conteste l'autorité religieuse saoudienne. Prochainement, c'est lui qui fixera le début du ramadan et lancera des fatwas respectées. À long terme, il voudra évidemment « libérer » Médine et La Mecque[1].

1. Romain Caillet interrogé dans *L'Orient, Le Jour*, 21 juillet 2014.

## LE JEU DANGEREUX DU QATAR

À l'inverse, le Qatar, lui aussi allié des États-Unis, et par lequel sont passées une partie des armes à destination des rebelles syriens, est désormais l'objet de toutes les méfiances pour son soutien – non prouvé – au djihadisme. Contrairement au wahhabisme centré sur le royaume saoudien, les Qataris professent un salafisme qui a vocation à s'étendre, notamment contre l'influence shiite[1]. Pour faire régner la loi de Dieu, tous les alliés sont bons à prendre. Décidé à précipiter la chute du régime de Bachar al-Assad – trop proche de l'Iran –, le Qatar s'est impliqué dès 2011 dans le soutien à la rébellion et a entraîné avec lui son allié américain, en indélicatesse depuis la Guerre froide avec la Syrie, qui avait rejoint le bloc soviétique. Début novembre 2012, le Qatar accueille à Doha un sommet entre les différents acteurs de la rébellion, rencontre qui aboutit le 11 novembre à la signature d'un accord visant la création d'une coordination entre insurgés.

Mais l'affaiblissement de l'ASL dès 2013 et la montée en puissance en Syrie des courants djihadistes purs et durs, comme al-Nosra et l'EIIL, ont jeté la suspicion sur le petit royaume pétrolier, déjà accusé de financer le salafisme en Europe. Des personnalités qataries, des oulémas, des membres du gouvernement ou des milieux d'affaires, sont susceptibles d'avoir organisé des transferts d'argent

1. Les projets qataris sont régulièrement dénoncés par les défenseurs de l'« arc shiite ».

en profitant du silence de leur pays[1]. Il s'agit souvent de sommes en liquide, comme le prouve l'arrestation par les services jordaniens de convoyeurs de fond transportant jusqu'à un million de dollars en billets[2]. Une partie serait allée à al-Nosra et peut-être à l'EIIL. L'Iran accuse directement le Qatar d'avoir armé les rebelles et organisé l'exfiltration de 1 800 djihadistes depuis le Maghreb et la Libye jusqu'en Syrie via la Turquie, et vers l'Irak via le Kurdistan irakien. Ce serait donc toute une chaîne de complicités qu'il faudrait révéler[3].

Durant l'année 2014, face au retournement brutal de situation au profit de l'État islamique, le Qatar s'est défendu publiquement et a réorienté son financement à la résistance syrienne[4]. Si les princes qataris ont distribué des fonds à des organismes humanitaires islamiques dissimulant des activités militaires, ils ont pu le faire à titre privé mais certainement pas au nom de l'État[5]. De

1. Jean Comte, « Qui soutient l'État islamique ? », *La Croix*, 18 août 2014. Ahmed Jarba, représentant des rebelles syriens modérés, estime que « certains dirigeants ont cru pouvoir utiliser les terroristes comme des mercenaires à leur service, mais [qu'ils] ont été brusquement confrontés à des organisations qui profitaient de cette aubaine pour mettre en oeuvre leur propre programme », *cf.* « How our allies in Kuwait and Qatar funded Islamic State ? », *The Telegraph*, 6 septembre 2014.

2. Pascal Airault, « Comment se finance l'État islamique en Irak et au Levant ? », *L'Opinion*, 24 juin 2014.

3. « Qui approvisionne Daesh en armement ? », IRIB, 22 juin 2014. Ces accusations sont relayées par l'Égypte, « Le Qatar, dépassé par son soutien à l'État islamique », RFI, 24 août 2014.

4. Le Ministre des Affaires étrangères déclarait ainsi le 24 août 2014 à RFI-Qatar : « Comme beaucoup de pays, le Qatar soutient l'opposition syrienne, mais ne finance pas l'État islamique ».

5. J. Comte, « Qui soutient l'EI ? », *op. cit.* ; une nouvelle loi impose à toute association qui reçoit des dons « humanitaires » d'avoir au préalable une autorisation officielle.

toute façon, Daesh n'a plus besoin de l'argent qatari pour se financer. Depuis le sommet international de Djeddah en septembre 2014, le Qatar s'est rangé clairement du côté de la coalition anti-Baghdâdî[1] et les autres pays du Golfe persique ont fait de même : 5e Flotte américaine accueillie à Bahreïn, ouverture de bases militaires au Koweït, installation de troupes franco-américaines aux Émirats arabes unis (EAU)[2].

Mais cet engagement officiel présente les mêmes ambiguïtés qu'en Arabie Saoudite, car le Qatar se contentera d'une aide logistique, laissant sa base d'Udeid à disposition des armées alliées pour y installer leur centre de commandement. Les États du Golfe et la Ligue arabe ne veulent pas provoquer directement la mort de coreligionnaires sunnites en Irak et en Syrie, tout au plus acceptent-ils d'en être les complices. En outre, le Qatar héberge des organisations islamiques qui s'affranchissent de la position diplomatique du pays et soutiennent ce qu'elles appellent la « révolution populaire » irakienne[3].

## LES SUBTILITÉS TURQUES

À l'instar de l'Arabie Saoudite et du Qatar, la Turquie pratique depuis 2011 le louvoiement dans les affaires moyen-orientales. Dès le départ de la crise syrienne, elle appuie avec l'OTAN la rébellion et l'ASL contre

1. « EI : les USA redoutent l'effet boomerang », *Le Figaro,* 10 septembre 2014.

2. *Jeune Afrique*, 19 septembre 2014.

3. C'est le cas de Youssef al-Qaradawi, chef de l'*Union mondiale des oulémas musulmans*, basée à Doha, *cf.* Abdallah Bagdad, Haydar Eloui, 'Alî Al-Mousawi, *France 24*, 17 juin 2014.

al-Assad. Ce soutien renvoie à une stratégie d'influence visant à reconquérir les marges méridionales ayant jadis fait partie de l'Empire ottoman et perdues en 1920. En 2012, la Turquie est accusée par Bachar de survoler son territoire. La DCA syrienne abat un F4 Phantom turc en juin. Les deux gouvernements radicalisent aussitôt leurs positions. Un autre contentieux entre Ankara et Damas concerne le Sandjak d'Alexandrette, une étroite bande de terre rattachée à la Turquie en 1939 et dont les habitants sont turcophones mais autrefois syriens et favorables à al-Assad. Enfin, les projets hydrauliques de la Turquie sur le Tigre et l'Euphrate ont, depuis vingt ans, tellement ponctionné les ressources en eau de la Syrie qu'ils ont créé de graves tensions autour de l'or bleu entre les deux gouvernements.

La formation des troupes de l'ASL par des officiers turcs et l'hébergement de leur base principale à Hatay est aussi une réponse au soutien inconditionnel de Damas au PKK, parti indépendantiste kurde qui mène des actions terroristes depuis 1984 dans le sud-est de la Turquie. Malgré l'amélioration des relations entre Ankara et le PKK depuis 2012, la fragilisation du monde kurde reste un objectif pour la Turquie afin de préserver l'intégrité de son espace national[1]. La population kurde représente 21 % des habitants de Turquie et ses revendications ne sont pas mortes. Très implantés dans l'est et le sud du pays, les Kurdes ont profité de l'implosion conjointe de la Syrie et de l'Irak pour gagner en autonomie. Le PYD,

1. RFI, 12 septembre 2014.

le parti kurde de Syrie, lié au PKK, a joué une partition des plus fines auprès de Bachar en se désengageant du conflit dès juillet 2012 après avoir négocié avec lui l'autonomie de trois enclaves kurdes à la frontière turque. Depuis lors, les Kurdes se sont retournés contre toute entité voulant remettre en cause cette avancée. En Irak, depuis l'invasion américaine de 2003, le Kurdistan ne cesse de gagner en autonomie, au point d'annoncer un référendum sur l'indépendance en juillet 2014. En juin 2014, Kurdes de Syrie et d'Irak font leur jonction sous l'égide du Président du Kurdistan autonome, Massoud Barzani[1]. Or, c'est sur l'ensemble de ces territoires acquis ou revendiqués par les Kurdes que se répand le fléau de l'EIIL.

La stratégie autonomiste kurde est des plus dangereuses pour Ankara, qui a joué la carte salafiste en Syrie contre cette menace. L'état de la société civile turque préparait une telle politique, puisque l'AKP, le parti au pouvoir depuis 2003, se veut à la fois musulman, conservateur et nationaliste. Le Premier Ministre Erdogan, devenu Président en août 2014, a favorisé un réveil rigoriste dans le pays, dont l'autorisation du voile dans les universités et les pressions sur les chrétiens sont les signes les plus visibles[2]. Soutenir le salafisme international pouvait paraître cohérent.

Sans parler d'un soutien direct à l'EIIL et aux djihadistes de Syrie, la Turquie depuis 2011 a servi de

1. « Les Kurdes faiseurs de rois dans un Irak morcelé », *L'Opinion*, 12 juin 2014.
2. T. Flichy, O. Hanne, *Guerres à l'horizon*, *op. cit.*, p. 69-71.

plateforme logistique à tous les trafics et déplacements d'armes, de liquidités et de recrues qui ont permis à al-Nosra et à Daesh de se renforcer[1]. L'immense majorité des combattants islamistes venus de Paris, de Londres et de Bruxelles ont transité par la Turquie, avec l'indifférence bienveillante des autorités turques[2]. Des journalistes turcs parlent de convois logistiques livrés par l'État turc[3]. En mai 2014, la justice turque condamne une douzaine de gendarmes qui avaient intercepté un de ces convois en direction de la Syrie[4]. L'ONU aurait évalué à 47 tonnes la quantité de matériel fourni par Ankara aux rebelles syriens et donc à l'EIIL[5]. La frontière était cependant surveillée dans le sens Syrie-Turquie, mais les combattants qui se présentaient en Turquie étaient alors mis en détention quelques semaines avant d'être expulsés vers leur pays d'origine[6]. L'Iran défend des positions encore plus tranchées contre la Turquie : contrairement à ses déclarations publiques, l'armée aurait formé dans des camps turcs des rebelles qu'elle savait djihadistes, de sorte que « Daesh utilisait la Turquie comme un hôtel »[7].

1. *Jeune Afrique*, 19 septembre 2014 ; Frédéric Pichon, *Syrie, Pourquoi l'Occident s'est trompé, op. cit.*

2. « Les ambivalences d'Ankara face à l'EIIL », *La Croix*, 18 août 2014.

3. Daniel Pipes, « Turkish Support for ISIS », *Washington Times*, 18 juin 2014.

4. « Turquie : La justice inculpe 13 militaires », *L'Orient, Le Jour*-AFP, 22 septembre 2014.

5. « Syrie : 47 tonnes d'aide militaire turque à la rébellion », *RTBF*, 16 décembre 2013.

6. Olivier Toscer, « Djihad en Syrie, Mourad Fares, star de la djihadosphère », *Le Nouvel Observateur*, 12 septembre 2014.

7. IRIB, 8 septembre 2014 et 15 septembre 2014. L'agence va même jusqu'à donner

Le pouvoir avait intérêt à maintenir une telle porosité de ses frontières, puisque la Turquie profitait des trafics et favorisait la fragilisation de la Syrie pro-shiite. Côté irakien, la montée de l'État islamique paralyse toute offensive kurde contre la Turquie, puisque les Peshmergas sont tournés vers la défense du Kurdistan autonome. Depuis 2014, et grâce à l'EI, la Turquie a donc vu se développer tout au long de sa frontière méridionale des abcès de fixation pour ses ennemis. Seul bémol à ces opportunités inédites : rien ne dit qu'un État islamique viable et puissant ne fera pas volte-face contre la Turquie.

En septembre 2014, les prises de position de la Turquie ont, semble-t-il, donné raison à ceux qui l'accusaient. Malgré les énormes pressions des États-Unis et de l'OTAN, à laquelle appartient Ankara, le pays a annoncé sans justification qu'il ne participerait pas aux opérations contre l'État islamique. Le Ministre des Affaires étrangères, Mevlüt Cavusoglu, n'a pas signé le communiqué commun après la rencontre de Djeddah, le 11 septembre, et a refusé que les chasseurs américains utilisent la base aérienne d'Incirlik[1]. Quelques jours plus tard, la Turquie s'est refusé à briser le réseau de vente de pétrole de contrebande issu du nord de l'Irak et transitant par son sol, vente qui pourtant finance Daesh[2].

---

le chiffre – évidemment surévalué – de 22 000 combattants de l'EI entraînés en Turquie.

1. RFI, 12 septembre 2014.

2. David E. Sanger, Julie H. Davis, *The Age* (Australie), repris par le *New York Times*, 14 septembre 2014.

Le gouvernement turc a deux bonnes raisons officielles de ne pas s'opposer directement à l'EI : si les réfugiés kurdes venaient à se multiplier, le pays ne pourrait les accueillir et prendrait le risque de voir les revendications kurdes appuyées par ces populations. En outre, depuis la prise de Mossoul, 49 diplomates turcs ont été pris en otages par Daesh.

Contre ces deux périls, Erdogan a réagi sans attendre. Face aux réfugiés dont le nombre s'est considérablement accru depuis le 19 septembre et face à la prise de 'Aïn al-'Arab, le Président a souhaité la mise en place de zones-tampons sur sa frontière avec la Syrie et l'Irak, pour sécuriser ces zones et mieux prendre en charge les déplacés[1]. Mais cet objectif humanitaire autoriserait l'armée turque à intervenir de l'autre côté de sa frontière et à y fortifier ses positions. Quant aux otages, une opération des commandos turcs les aurait libérés le 20 septembre selon Erdogan, information qui n'a été confirmée par aucune autre source. La Russie et l'Iran affirment, eux, que les prisonniers ont été libérés après négociation avec al-Baghdâdî[2]. La Turquie serait donc le seul pays du monde à avoir des liens diplomatiques secrets avec l'EI…

1. RFI, 17 septembre 2014 ; « La Turquie ne participe pas aux opérations », *Le Figaro*, 11 septembre 2014.

2. IRIB, 21 septembre 2014. Le journal arabe et pro-palestinien *Ray al-Youm* ajoute que la tombe de Soliman Pacha à Mossoul (mort en 1860), prestigieux officier de l'histoire turque, est la seule à ne pas avoir été détruite par l'EI (21 septembre 2014).

## LE POINT DE VUE KURDE

La question kurde est récurrente dans les enjeux touchant à l'État islamique. Sans État ni nation, les Kurdes ont obtenu depuis 2003 en Irak et 2012 en Syrie une autonomie relative. Leur but n'est pas tant la fondation d'un État transnational que d'obtenir davantage de libertés dans leurs régions. Malgré les accords entre Kurdes syriens et irakiens en juin 2014, les antagonismes tribaux restent forts. Le gouvernement du Kurdistan s'est accommodé de la proximité de la Turquie avec laquelle les échanges commerciaux et les trafics pétroliers nourrissent le budget d'Erbil, la capitale provinciale. D'une certaine manière, les investissements turcs dans la région sont plus importants que ceux de Bagdad, c'est pourquoi, malgré les défiances réciproques entre Erbil et Ankara, une coopération pragmatique s'est mise en place, que pourrait éventuellement gêner les revendications du PYD ou l'exil des Kurdes de Syrie. Bagdad ne peut apprécier cette ingérence économique et diplomatique de la Turquie dans une province qui, pour être autonome, reste toutefois irakienne. Certes, le Président de l'Irak, Djalal Talabani (2005-2014) était Kurde, tout comme son successeur depuis le 24 juillet 2014, Fouad Massoum. Mais leur origine ethnique était surtout une garantie pour les États-Unis que l'autorité suprême de l'État échapperait aux querelles entre Arabes shiites et sunnites. Quoi qu'il en soit, Talabani demeura dans le strict respect de sa fonction honorifique et se garda de critiquer son Premier Ministre Nûri al-Mâliki ou les anciens baassistes, Bachar al-Assad ou les Turcs[1].

Le djihadisme n'est devenu réellement dangereux pour les Kurdes qu'avec l'été 2014 et l'assaut de l'EI sur les frontières du Kurdistan et sur 'Aïn al-'Arab. Auparavant, la province, menée par son leader Massoud Barzani, vivait dans une relative prospérité économique sans craindre Bagdad. En lançant en août la contre-offensive contre Daesh, avec l'aval et l'appui des bombardements américains, les Peshmergas ont sauvé des milliers de Yézidis en fuite, accueilli les réfugiés chrétiens et sont même entrés à Kirkouk, prenant la ville à majorité kurde et aux riches gisements pétroliers. Or, la cité n'appartenait pas au Kurdistan irakien, qui la réclamait vainement auprès de Bagdad. L'arrivée de l'EI a donc permis aux Kurdes d'intégrer une ville qu'ils n'auraient jamais pu avoir sans cela[2]. En disposant de la manne pétrolière de la région, les Kurdes sont assurés d'autofinancer leur province[3]. Cet état de fait est désormais acquis dans

1. Nous reprenons les analyses de H. Dawod, « Les réactions irakiennes à la crise syrienne », *op. cit.*

2. Le chercheur français Arthur Quesnay suggère même que les Peshmergas auraient laissé faire la débâcle de l'armée irakienne durant l'été 2014, *cf.* « Vers la fin des frontières de Sykes-Picot ? », *L'Orient, Le Jour*, 23 juin 2014.

3. Kendal Nazel, directeur de l'Institut kurde de Paris, interrogé par Camille Bordenet : « Les Kurdes, un peuple éclaté entre quatre pays », *Le Monde*, 9 septembre 2014. Dès 2011, la firme américaine Exxon Mobil Corp signait un contrat d'exploitation de 20 ans renouvelable avec le Kurdistan, *cf.* site officiel *Corporate Exxonmobile*, Jean-René Belliard, « Le pétrole : prochain enjeu des affrontements entre Kurdes et Jihadistes », *La Tribune de Genèvre*, 30 juin 2014.

l'esprit des responsables du Kurdistan[1]. Même si Daesh était vaincu demain, l'Irak deviendrait de toute façon un système fédéral[2]. Les violences contre les sunnites, leur ralliement opportuniste à l'EI et les intérêts kurdes ont fait de l'unité nationale du pays une fiction. Le rôle des Kurdes comme auxiliaires de la coalition lancée par Barack Obama leur assure de nouveaux financements, un approvisionnement gratuit en armes et un soutien international de poids, confirmé par la visite le 10 août à Erbil de Laurent Fabius, Ministre français des Affaires étrangères[3].

Mais cette aide inespérée peut cimenter l'émergence d'un front kurde qui n'existe pas pour le moment. Le Kurdistan aura la tentation de s'affranchir de ses liens opportunistes avec la Turquie et, pourquoi pas, de soutenir directement le PKK. Il faut pourtant nuancer les capacités d'action de la province et des Peshmergas, car ces soldats ne pourront agir loin de leurs bases et de leur zone ethnique. Leur surprenante efficacité contre l'EI, et notamment la reprise symbolique du barrage de Mossoul le 16 août, est d'abord à mettre sur le compte des bombardements américains qui ont précédé leur avance

1. Le Premier Ministre de la province, Nechirvan Barzani, a déclaré le 16 juin à la BBC : « Si l'on croit que l'Irak peut redevenir comme avant Mossoul, je ne le pense pas. C'est presque impossible ».

2. Les États-Unis étaient défavorables à la partition de l'Irak qui, supposaient-ils, conduirait à plus d'instabilité dans la région, *cf.* Colonel Ralph Peters, « Blood borders », *Armed Forces Journal*, 2006.

3. « Irak, la France a livré des armes aux Kurdes », *Le Figaro*, 17 août 2014 ; Humeyra Pamuk : « Les Kurdes avancent vers Mossoul avec l'appui de frappes US », *Reuters France*, 17 août 2014.

en détruisant les centres de commande djihadistes[1]. Les Peshmergas ne seront certainement pas les agents de la libération des régions qui ont basculé dans le giron de l'État islamique.

## UNE OPPOSITION IRAKIENNE INCERTAINE

En Irak, l'EI doit faire face à de multiples oppositions : celle de l'État irakien, du Kurdistan autonome et des communautés ethnico-religieuses menacées (shiites, chrétiens, Yézidis). Mais chacun de ces adversaires est lui-même englué dans ses propres divisions et fragilités. Côté chrétien, la saignée subie en Irak depuis 1991 est ininterrompue et leur nombre a été divisé par deux, passant d'un million de personnes à un peu plus de 600 000 depuis trente ans. Malgré cette situation tragique et leur position de victimes privilégiées de Daesh, les Églises sont dans l'expectative, poussent à l'émigration et on ne compte que de rares milices d'autodéfense chrétiennes[2].

En raison de la politique calamiteuse de Nûri al-Mâliki envers les sunnites et de l'avancée de Daesh, une fronde des députés irakiens appuyée par les pays occidentaux l'ont contraint à la démission le 11 août. Et le Président Massoum de nommer comme nouveau

1. Interview de Mathieu Guidère à *20Minutes.fr*, 18 août 2014.

2. Christophe Lamfalussy : « Irak : une petite milice chrétienne défend son village et son monastère », *La Libre Belgique*, 11 septembre 2014 ; ces miliciens du nord du pays auraient reçu un entraînement auprès d'anciens Phalangistes libanais, *L'Orient, Le Jour*, 27 septembre 2014.

Premier Ministre Haïder al-Habadi. Vice-Président du parlement, proche de son prédécesseur, l'homme est connu pour ses qualités intellectuelles et ses compétences de négociateur[1]. Sa mission est simple : rassembler pour faire front à l'EI. Le 9 septembre, il convie tous les représentants des différentes minorités à la première session du nouveau parlement[2]. Son gouvernement est soutenu par 177 des 189 députés, dont des sunnites. Pour fédérer les indécis, il promet la décentralisation du pays sur le plan administratif et économique[3]. Le 4 septembre, le sommet de l'OTAN réuni à Cardiff l'adoube comme seul interlocuteur en Irak pour la coalition anti-Califat. John Kerry, Secrétaire d'État américain aux Affaires étrangères, va jusqu'à qualifier ce gouvernement de « cœur et colonne vertébrale » de la lutte[4].

Mais au sein de sa propre communauté shiite, al-Habadi rencontre l'opposition des chefs de milices et surtout du leader religieux Moqtada al-Sadr, un tribun populaire du quartier pauvre de Sadr-City et commandant de l'*Armée du Mahdi*. En août, à la

1. Luc Mathieu, « Nouri al-Maliki voit l'Irak lui échapper », *Libération*, 11 août 2014.

2. « La formation du gouvernement irakien entre dans une phase décisive », *France 24,* 9 septembre 2014.

3. *Al-Jazeera*, 10 septembre 2014.

4. « Le gouvernement irakien, cœur de la lutte contre l'EI – Kerry », Reuters-*Boursorama.com*, 11 septembre 2014. La levée du siège d'Amerli le 11 septembre 2014 fait figure d'opération de communication de l'État irakien afin de recouvrer sa légitimité. L'armée annonce fièrement que la victoire a été possible par l'association avec les Kurdes et l'aviation américaine, les djihadistes ayant reflué immédiatement, *cf. TF1*, Journal de 20 heures, 11 septembre 2014.

demande de Nûri al-Mâliki, les hommes d'al-Sadr se sont mobilisés contre l'arrivée de l'EI dans la banlieue de Bagdad et ont combattu avec les Forces de sécurité irakiennes[1]. La réputation de conciliateur du nouveau Premier Ministre lui posera des difficultés pour désarmer ces milliers de supplétifs responsables d'exactions contre les populations sunnites. Moqtada al-Sadr, qui affronta les troupes américaines, a prévenu qu'il ne fallait « pas coopérer avec les occupants »[2]. Les factions shiites soufflent sur les braises et ne faciliteront pas la réconciliation tant attendue.

L'espoir pourrait venir des tribus sunnites, tant décriées pour leur attentisme ou leur ralliement à l'État islamique. En août, 25 clans se sont regroupés et ont relancé le phénomène appelé « le Réveil d'Anbar » (*The awakening Anbar*), allusion aux comités *al-Sahwa* créés en 2007[3]. Le chef du mouvement, Ahmed Abû Risha, rassemble une quarantaine de shaykhs tribaux, souvent nationalistes et baassistes, dont l'objectif est de reprendre la lutte contre le djihadisme dans la province d'al-Anbar, lutte autrefois menée aux côtés des Forces irakiennes et de l'armée américaine. Le 14 septembre, le gouvernement annonce à la chaîne *Al-Ikhbariyya* la création dans les zones sunnites d'une Garde nationale d'au moins 120 000 hommes, entraînée par des experts

1. « Irak : les milices chiites, un pari risqué de Bagdad », Reuters-RFI, 31 août 2014.
2. « Moqtada al-Sadr said Iraq should not cooperate with occupiers », *World Bulletin*, 10 septembre 2014.
3. Adrien Jaulmes, « L'Irak prolonge son expérience démocratique », *Le Figaro*, 30 janvier 2009.

américains, et qui sera vraisemblablement formée de miliciens du Réveil.

Dès la mi-août, une multitude d'accrochages localisés opposent les militants sunnites aux hommes de Daesh à Mossoul, à Ramadi, Mansûriya et al-Dhuluyia, au nord de Bagdad[1]. En septembre, la Syrie connaît de semblables refus d'obéissance. « On ne veut pas mourir pour vous », affirment des manifestants dans la ville d'al-Houl, près d'al-Hasaka, au nord-est du pays. Dans la province de Deir al-Zor, des soulèvements anti-Daesh ont eu lieu. À Roshdiya, des djihadistes ont assassiné l'émir de l'EI[2]. Mais ces révoltes localisées ne pourront l'emporter dans la durée qu'à certaines conditions : l'élaboration d'une solution politique en Syrie, le respect en Irak des promesses faites à ces populations et l'engagement dans un nouveau contrat national. Le Premier Ministre al-Habadi aura la lourde charge de s'abstraire de sa base shiite.

## LES ALÉAS DE LA GÉOPOLITIQUE AMÉRICAINE

« Cette organisation a une vision stratégique apocalyptique et devra finir par être vaincue… À

1. « Sunni tribes in Iraq take up arms against the Islamic State », *Middle East Eye*, 15 août 2014 ; RFI, 18 août 2014 ; Martin Van Der Galen, *Dagelijkse Standaard*, 17 août 2014. 300 à 500 hommes de la tribu sunnite d'Izza ont été déployés près de Mansûriya contre l'EI (Institute for Study of War, 17 septembre 2014). La tribu des Djuburi, qui fut omniprésente dans les services de renseignement de Saddam, a rejoint le Réveil en septembre et a libéré al-Dhuluyia (Anadolu Agency, 16 juillet 2014).

2. Informations uniquement relayées par l'IRIB, 26 septembre 2014.

votre question, est-ce qu'ils peuvent être vaincus sans combattre la partie syrienne de l'organisation, la réponse est non »[1].

GÉNÉRAL MARTIN DEMPSEY,
chef d'État-major des armées des États-Unis.

L'État islamique ne reconnaît aucune institution internationale existante, autre qu'al-Qaïda, aucune convention sur les prisonniers ou les non-belligérants. Ni l'ONU ni le droit international n'existent. Sa politique étrangère n'est guidée que par les intérêts du djihâd, dont le but est l'extension du *dar al-islâm* (« le monde de l'islam ») contre le *dar al-harb* (« le monde de la guerre »). Les négociations avec les *kufar*, les alliances de circonstance et les cessez-le-feu sont admis, mais n'ont qu'une valeur opportuniste, comme le confirme le hadith : « La guerre n'est que stratagème ». Les buts de guerre du Califat sont potentiellement sans frontières. Toutefois, derrière cette théorie belliqueuse, l'appareil de l'EI est partagé et les anciens baassistes veulent surtout redonner aux Arabes sunnites d'Irak leur autonomie politique et financière. Ils pourraient fortement s'accommoder d'objectifs plus limités que l'islamisation brutale du Moyen Orient. Avec eux des accords diplomatiques peuvent être noués, ce qui impose aux adversaires de Daesh une fine approche des problèmes.

La brusque émergence de l'EI n'est certainement pas une construction fragile vouée à s'effondrer en quelques

1. Cité dans *Courrier international*, 22 août 2014.

mois sous les coups des Peshmergas kurdes ou des bombardements occidentaux. Les États-Unis ont décidé de mettre fin à la progression de Daesh, mais armer les Kurdes et lancer de nouvelles frappes aériennes se présente, à l'évidence, comme un renversement complet de politique qui ne sera pas sans risques. Le Kurdistan armé menacera à terme la Turquie, alliée traditionnelle des États-Unis. Barack Obama, qui espérait libérer son pays du boulet militaire et politique irakien, a décidé de s'y enliser sans se donner les moyens terrestres de remporter cette bataille. Les États-Unis n'enverront pas de troupes au sol, sauf 1 600 conseillers militaires et des commandos. Les « dégâts collatéraux » dus aux bombardements pourraient renforcer la solidarité incertaine autour de Daesh.

Après avoir sponsorisé le mouvement rebelle syrien contre Bachar al-Assad, les États-Unis découvrent en août 2014 qu'ils ne pourront limiter l'avance djihadiste sans s'appuyer sur le dictateur honni[1]. Officiellement, la chose est impossible car les anathèmes réciproques sont allés trop loin, tout comme la barbarie des services de sécurité syriens. Or, toute éradication de l'État islamique impose d'abattre ses bases-arrière en Syrie, et surtout Raqqa. Enfin, comment contenir l'essor du Califat sans le soutien de l'Iran et des populations shiites irakiennes, qui

1. En août 2011, les États-Unis voulaient limiter leur action en Syrie à des pressions économiques, mais de l'argent et des troupes ont rapidement été dépêchés. La 1re division blindée de Fort Bliss a envoyé 200 hommes pour former les insurgés liés à l'ASL en Jordanie, *cf.* Quentin Michaud, « 200 soldats américains déployés en Jordanie », *infosdefense*, 17 avril 2013.

ont réussi à bloquer l'avance de l'EI vers le sud ? Au cours des derniers mois, les États-Unis, se sont timidement rapprochés de l'Iran tout en prenant leurs distances avec Israël, critiquant à mots feutrés l'opération militaire sur Gaza, *Bordure protectrice* (juillet-août 2014)[1].

Les États-Unis ménagent toutefois leurs mauvais alliés saoudiens, qatari et turc. De nouveaux équilibres se mettent en place au Moyen Orient à la suite des opérations de l'EI et des hésitations américaines. Israël, qui a le plus grand mal à stabiliser la Bande de Gaza, peut tenter de jouer l'alliance avec l'Égypte afin de se présenter comme un glacis empêchant la connexion entre le Califat irakien, l'émirat libyen et ses implants africains. Ce duo deviendrait à terme la « muraille objective » contre le danger islamiste[2].

Devant cette déroute géopolitique, les États-Unis cherchent aujourd'hui à préserver les contrats signés dans le sud de l'Irak et dans le Kurdistan. Si l'exploitation du gaz de schiste américain ne rend pas indispensable l'importation de gaz irakien, en revanche, il est important d'empêcher une mainmise de la Chine sur ces gisements, devenue l'adversaire principale des États-Unis à l'horizon 2030. Pour ce faire, il faut mettre fin à la progression de Daesh. C'est le but de la grande coalition, composée de 25 pays et mise sur pied au cours du sommet de l'OTAN de Newport (4-5 septembre). Son volet militaire est

1. Communiqué du Porte-parole de la Maison blanche, 3 août 2014.

2. O. Hanne, T. Flichy, « État islamique : le monde va voir naître une étatisation du djihadisme », *Le Nouvel Obs, Le Plus*, 31 août 2014.

assuré par les armées américaine, française, britannique, canadienne, allemande, australienne et italienne. Aucun pays musulman. La partie humanitaire, c'est-à-dire la moins coûteuse et la plus prestigieuse auprès des populations, sera conduite par l'Arabie Saoudite, le Koweït et la Turquie. La dimension logistique est fournie par les Émirats et le Qatar[1]. Mais il est entendu que l'Occident n'enverra aucune troupe au sol. Le 17 septembre, la Chambre des Représentants autorise Obama à transférer 170 avions sur place. Aussitôt, l'Iran rejette toute coopération et hausse les épaules à travers son Ministre des Affaires étrangères : « [L'EI] est un phénomène dangereux, mais qui ne pourra être battu par des frappes aériennes »[2].

Beaucoup de pays affichent leur réticence envers cette coalition qui rappelle trop celle de la Guerre du Golfe en 1991 et celle de l'invasion de 2003 qui a généré le chaos actuel[3]. Chacun sait que les enjeux pétroliers mobilisent autant que l'élimination du Califat. Les manipulations des services de renseignements américains ont échaudé sur place bien des défenseurs de la laïcité et de la démocratie[4]. Russie et Iran refusent que les frappes

1. *Le Nouvel Observateur*-AFP, 9 septembre 2014.

2. IRIB. Le Président du Parlement iranien, 'Alî Larijani, a été plus direct : « Les États-Unis jouent avec le feu dans la région et doivent savoir qu'ils ne peuvent attaquer la Syrie sous prétexte de lutter contre les jihadistes de Daech. S'ils le font… plus personne ne pourra contrôler la région et la mèche de la guerre sera allumée » (RFI, 13 septembre 2014).

3. Lorraine Millot, « Les huit contradictions de la stratégie d'Obama face à l'État islamique », *Libération*, 11 septembre 2014.

4. En septembre, les États-Unis ont mis en garde contre une nouvelle force djihadiste en Syrie appelée le *Khorasan*, proche d'al-Qaïda (*cf.* « Khorassan, l'autre menace

franco-américaines touchent le sol syrien et mettent ainsi en péril le fragile statu quo en faveur de Bachar al-Assad. Le ministre des Affaires étrangères russe a prévenu qu'il s'agirait là d'une violation grave du droit international. Or, Barack Obama veut impérativement la caution juridique et morale de l'ONU, contrairement à George W. Bush en 2003.

Les pays occidentaux et leurs alliés au Moyen Orient sont conscients du danger que représente le proto-État djihadiste. Mais cette coalition réunie dans la précipitation, presque à contrecœur, a d'abord valeur d'action de communication afin de réaffirmer un leadership déclinant, car si la tactique est à peu près claire (bombardements aériens et appuis aux Forces irakiennes), quelle est la stratégie ?[1] La solution imparfaite choisie par Obama entraîne la grande puissance à combattre l'État islamique aux côtés des wahhabites saoudiens, voire avec les membres les moins compromis d'al-Qaïda : jouer un islamisme contre un autre. Les États-Unis se sont mis dans une posture de guerre par procuration qui ne peut faire triompher qu'une des formes de salafisme en lice[2]. La guerre en l'occurrence se présente comme une

venue d'Irak », *El-Watan*, 25 septembre 2014). Mais un journaliste d'*Al-Jazeera* conteste la réalité de cette mouvance, qui serait une fiction créée par les États-Unis pour maintenir un climat de tension en Syrie, *cf.* Imran Khan, « Khorasan, The group that isn't », 24 septembre 2014.

1. Des critiques se sont élevées en septembre en France, ainsi Dominique de Villepin, ancien Premier Ministre, et Jean-Luc Mélanchon à l'extrême-gauche, *cf.* J.-P. Perrin, Th. Hofnung, « Contre l'EI, une guerre qui se cherche », *Libération*, 23 septembre 2014.

2. O. Hanne, T. Flichy, « État islamique : la guerre par procuration des États-Unis », *Le Nouvel Obs, Le Plus*, 12 septembre 2014.

thérapie pour les diplomaties occidentales gênées par le monstre froid qu'est l'État islamique et qui n'est pas sans rapport avec leurs égarements stratégiques depuis 2001. Mais la guerre n'est ni un remède ni une solution en soi, elle n'est que l'ultime moyen de contraindre au respect de l'homme. Une fois gagnée, elle n'implique aucun projet politique. Or, celui-ci fait cruellement défaut à la coalition.

Sur le terrain, depuis le lancement des premiers bombardements, l'EI a dû cesser d'exploiter ses gisements et a restructuré la répartition de ses troupes pour les recentrer dans les zones urbaines, afin de profiter des boucliers humains. La tactique de la coalition paraît réussie sur le court terme, même si les pertes ennemies restent faibles[1]. Cependant, les États-Unis distinguent nettement les deux espaces d'intervention. En Irak, l'objectif est d'affaiblir et de faire reculer Daesh jusqu'à l'obliger à repasser vers la Syrie où on espère l'écraser. Cette retraite doit être appuyée par les troupes irakiennes et par la défection espérée des tribus. En Syrie, dès la fin du mois de septembre, les frappes visaient au moins trois objectifs : Daesh bien sûr, al-Nosra au cas où le premier devait être vaincu et serait remplacé par l'autre groupe djihadiste, mais aussi les centres militaires de Bachar al-Assad. C'est dire que, après un temps d'incertitude, la puissance américaine, poussée par les États du Golfe,

1. L'*Observatoire syrien des droits de l'Homme* évoque 141 morts chez les djihadistes entre le 23 et le 27 septembre, dont 129 étrangers (*France 24*-AFP, 27 septembre 2014).

poursuit contre al-Assad une guerre vieille de 60 ans. Sans résolution de l'ONU ni accord du Conseil de Sécurité, cette extension de la guerre contre Daesh à d'autres objectifs fait prendre aux États-Unis le risque de l'illégalité internationale[1].

Malgré la qualité du renseignement américain et des analyses de ses Think-tanks[2], les leçons du passé n'ont pas été tirées : Barack Obama aurait-il oublié que son pays a équipé Oussama Ben Laden en Afghanistan contre l'URSS et qu'il a réitéré l'erreur en Syrie en 2011 ? Mais une sorte de malédiction pèse sur le destin moyen-oriental de la diplomatie américaine, à laquelle vient de se rattacher fermement François Hollande après l'assassinat de son concitoyen en Kabylie[3].

## LES ADVERSAIRES INCONDITIONNELS DE DAESH

La nature même de l'État islamique et sa stratégie lui ont valu l'animosité déclarée de plusieurs puissances qui n'ont pas varié dans leur analyse ni dans leur action

1. Déclaration de Sergueï Lavrov, Ministre russe des Affaires étrangères à l'ONU le 27 septembre 2014.

2. Nous pensons à l'Institute for the Study of War qui, en septembre 2014, a fait paraître son 23e rapport sur la sécurité au Moyen Orient : « A Strategy to defeat the Islamic State », et dont les propositions politiques semblent réalistes (réconciliation des groupes ethniques, restauration de l'État en Syrie et en Irak, renforcement de l'autorité de la Jordanie et du Liban, etc.).

3. La coïncidence des événements est frappante : au moment où le Premier Ministre, Manuel Valls, défend à l'Assemblée la participation française aux frappes aériennes en Irak, l'annonce de l'exécution est publiée. Le soir même, le Président François Hollande, présent à New York, affirmait à l'ONU : « La France ne cède jamais devant le chantage », *cf.* « Hollande : Hervé Gourdel a été assassiné lâchement, cruellement », *Le Figaro*, 24 septembre 2014.

diplomatique. Le gouvernement de Damas est bien sûr de celles-ci. L'EI est une organisation radicalement hostile à Bachar al-Assad, qui a tout fait depuis 2011 pour la briser, en même temps d'ailleurs que la résistance modérée. Bien qu'il tienne fermement ses bases de l'ouest syrien, il n'est pas parvenu à reprendre le nord ni la région du Tigre, encore aux mains de la rébellion et des djihadistes. La situation peut-elle se renverser à son profit ? Bachar a toujours eu le soutien diplomatique et technique de la Russie et de l'Iran, et le Hezbollah libanais a envoyé des combattants pour l'aider. Bloquant tout essor de Daesh vers la Méditerranée et le Liban, son rôle géopolitique contre l'EI est donc important. La renaissance soudaine du Califat a convaincu bien des observateurs qu'il fallait réintégrer la Syrie dans le jeu moyen-oriental, mais les États-Unis et la France restent fermes dans le refus de tout compromis avec Damas, au moins officiellement[1]. Mais cette position tiendra-t-elle ? La prétention de la coalition à supprimer Daesh n'aurait aucune efficacité si les bombardements s'attaquaient en même temps aux bases d'al-Assad[2].

Pour les Iraniens, l'État islamique est une entité démoniaque composée de *kufar*, armés et subventionnés

1. Avant de bombarder Raqqa le 23 septembre 2014, les États-Unis ou leurs alliés auraient laissé filtrer l'information au gouvernement de Bachar, « Les États-Unis ne veulent pas laisser de sanctuaire à l'État islamique », *Le Monde*-AFP-Reuters, 23 septembre 2014.

2. « Qu'on le veuille ou non, en dépit de ses pratiques condamnables, le régime syrien reste un interlocuteur », *cf.* Didier Billion (IRIS), interrogé par *La Croix*, 29 septembre 2014.

par les États-Unis via l'Arabie Saoudite et le Qatar, afin de déstabiliser Bachar, fractionner l'Irak, soumettre les shiites du sud et faire main basse sur le pétrole[1]. Daesh doit être combattu et vaincu, et les lieux saints shiites d'Irak protégés (Kerbala, Nadjaf), d'où le soutien inconditionnel de Téhéran au gouvernement de Nûri al-Mâliki[2]. Mais l'Iran, exclu de la vie diplomatique depuis sa révolution islamique en 1979, espérait que les États-Unis demanderaient son aide contre l'EI et que le retournement des alliances en sa faveur lui permettrait de négocier le droit à l'arme nucléaire et un assouplissement de l'embargo économique que le pays supporte[3]. Or, il n'en a rien été. Washington a apaisé ses rapports avec la République islamique mais rechigne à faire appel à elle[4]. L'ombre de leurs alliés, Israël et la Turquie, farouchement hostiles à l'Iran et à Bachar, a probablement guidé cette décision. Mais, pour Téhéran, la libération de l'Irak passera forcément par les shiites, et ceux du sud du pays auront besoin de leurs frères persans. « L'Iran et le Hezbollah sont les seules parties au Moyen Orient à posséder une force capable d'anéantir trois fois l'État islamique »[5] (*sic*). Toutefois, au-delà de

1. IRIB, 14 septembre 2014.

2. IRIB, 18 juin 2014 et 3 septembre 2014, « La stratégie de l'Occident : éradiquer l'EI ou lui rendre service ? »

3. « Iran backs US military contacts' to fight Islamic State », *BBC News*, 5 septembre 2014.

4. Lors de la conférence annuelle des ambassadeurs le 28 août, François Hollande a déclaré que l'Iran pourrait participer à une conférence internationale sur la sécurité dans la région (ce qui lui avait été refusé à propos de la Syrie en décembre 2013).

5. Propos du député et membre de la Commission de la Sécurité nationale iranienne

la rhétorique triomphaliste, l'armée iranienne ne pourra s'investir sur place qu'à la manière des États-Unis eux-mêmes, c'est-à-dire sous la forme de soutien aérien et de conseillers militaires[1]. Même avec un gouvernement shiite, Bagdad souhaite conserver sa liberté d'action.

Dans l'imbroglio qui a permis la naissance de l'État islamique, la Russie de Vladimir Poutine est l'un des rares pays à avoir toujours maintenu sa ligne géopolitique, qui se résume à quelques principes : al-Assad représente le gouvernement légitime de Syrie ; le monde multipolaire exige de négocier avec Téhéran ; la seule réponse au terrorisme est la force. On pourrait en ajouter un dernier, moins explicite : tout ce qui peut décrédibiliser les États-Unis est bon à prendre. Or, sur ce plan, les Russes ne se privent pas de rappeler qu'ils avaient averti en 2011 de ne pas armer les rebelles syriens[2].

La lutte contre le terrorisme se justifie par les nombreux attentats islamistes survenus sur le territoire russe depuis les deux guerres en Tchétchénie (1994-1996 et 1999-2000). En décembre 2013, un attentat à Volgograd, peu avant les Jeux olympiques de Sotchi, avait fait 33 morts. La région du Caucase serait potentiellement menacée par deux mouvements djihadistes : *Ansar al-Sharî'a* et

Ahmad Bakhshayesh (IRIB, 14 septembre 2014).

1. Les informations sur la mort en Irak de pilotes ou de miliciens iraniens montrent que Téhéran veut éviter d'engager des forces nombreuses considérant qu'il n'y a pas de solutions militaires contre les djihadistes, *cf.* Bernard Hourcade, « L'Iran face à la menace de l'État islamique », *www.OrientXXI.info*, 3 août 2014.

2. Interview de Guennadi Gatilov, Vice-Ministre russe des Affaires étrangères, *Ria Novosti*, 7 septembre 2014. La presse japonaise est elle aussi particulièrement sévère, ainsi *Asahi Express*.

*Ansar al-Sunna*[1]. Ces organisations seraient fédérées dans un émirat du Caucase dirigé par 'Alî Abû Muhammad depuis le 18 mars 2014. L'émirat est responsable des attentats du métro et de l'aéroport Domodedovo de Moscou, voire de l'attentat du marathon de Boston par les frères Tsarnaïev[2]. Non déclaré, le lien entre l'EI et cette organisation semble probable, puisque plusieurs centaines de Caucasiens se battraient depuis 2013 en Syrie[3]. Le 4 septembre 2014, Daesh publie une vidéo tournée depuis la base aérienne de Taqba, en Syrie, visant directement la Russie et appelant à la « libération du Caucase et la promotion du Djihad ». Les images mettent en évidence la prise de matériels russes que Poutine avait livrés à Bachar.

La Russie ne saurait tolérer l'exportation du conflit irakien dans le Caucase ni la création d'un sanctuaire terroriste près de ses frontières méridionales. Face à ces menaces, les autorités russes sont restées intransigeantes, condamnant l'EI et mettant en cause les erreurs occidentales[4]. Moscou, qui ne croit pas à une action

1. Mikhaïl Marguelov, chef de la Commission des Affaires étrangères du Conseil de la Fédération : « Des succursales de l'EI sont effectivement présentes en Russie, pas seulement dans le Caucase du Nord mais aussi dans le sud du pays » (*Ria Novosti*, 4 septembre 2014).

2. Les frères Tsarnaïev ont reçu leur formation en Tchétchénie et au Daghestan, mais l'émirat du Caucase a nié toute implication, ne se déclarant pas ennemi des États-Unis.

3. « Selon le grand mufti de Syrie, plus de 3 000 miliciens proviennent de la Fédération de Russie et de pays de l'ancienne URSS », *News.va* (organe du Vatican), septembre 2013.

4. Ramzan Kadyrov, le Président de la République de Tchétchénie, accuse l'EI : « Je déclare en toute responsabilité que celui qui a eu l'idée d'exprimer une menace contre la Russie et prononcer le nom du président du pays, Vladimir Poutine, sera

aérienne sans appui terrestre[1], a exhorté la coalition à ne pas procéder à des bombardements en Syrie et continue de soutenir une seule solution : le retour en grâce de Bachar al-Assad[2]. En revanche, en Irak, des troupes et des hélicoptères russes opèrent dès le mois de septembre aux côtés des forces de Bagdad[3]. C'est dire que la Russie, comme les États-Unis d'ailleurs, distingue très nettement les deux théâtres d'opération et se méfie de toute intervention en Syrie qui pourrait affaiblir le régime. On ne peut s'empêcher de penser que Vladimir Poutine marche sur les traces du tsar Alexandre II, qui vint en aide aux chrétiens bulgares opprimés par l'Empire ottoman en déclenchant la guerre contre la Sublime Porte (1877-1878). Le rêve d'une Russie protectrice des chrétiens en terre d'islam n'est peut-être pas mort…

Enfin, il ne faut négliger le poids diplomatique d'acteurs encore éloignés du théâtre de Daesh, mais dont l'attitude pourrait faire bouger les lignes au Moyen Orient. Jusqu'à la mi-septembre, ces pays attentistes étaient l'Algérie, Israël et l'Égypte. Tous trois sont dirigés par des régimes politiques engagés depuis longtemps contre

---

détruit, là où il l'a fait… Ce sont des bandits, formés et armés par les États-Unis et l'Occident pour détruire de leurs propres mains les importantes et riches ressources des pays musulmans », *Gazeta.ru*, 3 septembre 2014.

1. Les scénarios de combat contre l'EI proposés par les chercheurs américains de l'Institute for the Study of War impliquent tous une intervention au sol : « il faut trouver et fixer l'ennemi… pour l'empêcher de prendre l'Euphrate et la vallée entre Haditha et Ramadi…, contraindre l'EI à se retrancher sur ses bases avant qu'il prenne Alep ou des positions-clés près de la Turquie », etc. (« A Strategy to defeat the Islamic State », septembre 2014).

2. RFI, 11 septembre 2014.

3. IRIB, 15 septembre 2014.

le terrorisme salafiste et dont ils ont souffert. Bien qu'ils prônent généralement la non-ingérence dans les affaires internationales, ils pourraient se retrouver impliqués malgré eux en raison de la contagion des émirats. C'est ce qui s'est passé pour l'Algérie avec l'assassinat du Français Hervé Gourdel le 24 septembre en Kabylie. En rappelant brutalement les années de guerre civile, cette exécution a remis en cause les certitudes algériennes sur le contrôle par l'armée des plateaux intérieurs et des montagnes.

## UN CONFLIT D'INTERPRÉTATIONS

On l'aura compris au fil de ces pages, l'État islamique est une réalité géopolitique extrêmement complexe qui suscite de graves conflits de positionnement. Car c'est en fonction de l'analyse qu'il fait du surgissement de Daesh, que chaque pays concerné propose son interprétation des événements et ses solutions. Les acteurs du conflit se sont retrouvés associés dans différents cercles d'alliances ou d'affinités, rapprochements conduits par l'histoire, l'ethnicité, la langue, l'argent ou l'opportunisme, et ces cercles fermés induisent un discours unique qui devient monomaniaque à force d'être répété. Daesh est un incroyable révélateur mental d'une multitude de complots que l'on imagine manigancés depuis des décennies pour détruire ou subjuguer tel pays ou tel groupe social.

Pour l'Union européenne et les États-Unis, l'État islamique est une hydre auto-générée de criminels et fanatiques, sans aucun rapport avec l'islam, apparue pour conquérir des intérêts pétroliers avec la complicité de jeunes gens embrigadés sur internet à cause des monstruosités commises par Bachar al-Assad. Appliquant sur le Proche Orient la grille occidentale de l'État-nation, on pense sauver l'unité de l'Irak par de nouvelles élections après des bombardements massifs[1]. Mais, dans ce contexte si troublé, l'équation *one man = one vote* relève de la naïveté dangereuse. Quant aux frappes aériennes, le souvenir de leurs victimes se perpétuera dans la mémoire de leurs parents et amis longtemps après la reconstruction de leur immeuble.

De nombreux pays arabo-musulmans voient dans l'EI une créature américaine permettant de déployer le chaos au Moyen Orient et ainsi mieux capter ses ressources, stratégie orchestrée avec la complicité d'Israël et de la Turquie, trop heureux de s'en prendre aux populations arabes[2]. Les Iraniens ajoutent à ce scénario une volonté dissimulée chez les Américains de marginaliser les shiites qui ont désormais le pouvoir à Bagdad, d'où évidemment l'éviction de Nûri al-Mâliki qui s'attaquait courageusement aux terroristes. Les pays sunnites du Golfe ont rejoint l'alliance américaine car ils poursuivent le même but anti-shiites. En suscitant Daesh, les États-Unis préparaient leur retour en force en Irak, comme

---

1. La position de Didier Billion, directeur adjoint de l'IRIS, paraît irénique, « États islamique : 4 moyens de le combattre sans répéter les erreurs du passé », *Le Nouvel Observateur*, 15 septembre 2014 : « Il faut réaffirmer la primauté du cadre unitaire de l'État-nation irakien sur toute autre construction fondée sur des bases communautaires ethniques et confessionnelles ».

2. Sofiane Abi, « Le Daech se retourne contre ceux qui l'ont armé et financé », *El Watan*, 22 septembre 2014.

le prouvent les événements de septembre 2014[1]. Grâce à ses « mercenaires de Daesh », Washington veut s'en prendre à « l'axe de la résistance » contre son autorité mondiale, à savoir la Syrie, l'Iran et le Hezbollah[2].

Les auteurs de cet ouvrage ont, finalement, une opinion du surgissement de Daesh qui paraîtra bien incomplète et bien réductrice, et qui leur a été révélée en relisant le déroulement de la Révolution d'octobre 1917. Comme le Parti bolchevique, totalement minoritaire chez les marxistes russes mais déterminé et organisé, n'aurait jamais dû obtenir le pouvoir si un concours de circonstances dramatiques ne lui avait offert la possibilité de s'en emparer par la force, de la même façon l'État islamique est né d'une minorité préparée et endoctrinée qui a profité de l'effondrement des États syrien et irakien pour se créer une opportunité historique unique. L'avènement de Daesh est un accident de l'islam et du Moyen Orient, mais un accident mortel…

1. Nassib Hoteit, « Le Calife Obama », IRIB, 13 septembre 2014 : « L'Amérique ne veut pas tuer un chien de chasse qui rapporte autant que Daech et ses sœurs ».

2. IRIB, 14 septembre 2014 : « La Maison Blanche est le centre de commandement de Daesh », d'après le général Mohammad-Reza Naqdi, Président de l'Organisation Basidj des Déshérités. Hassan Nasrallah, chef du Hezbollah, veut croire qu'aucun sunnite n'aurait commis les actes de l'EI (IRIB, 12 septembre 2014), ce qui serait la preuve d'une manipulation américaine.

# Conclusion : l'État islamique est-il réductible ?

Après plusieurs siècles d'oubli, le Califat sunnite a donc resurgi. De la Syrie orientale aux frontières de l'Iran, un continuum islamiste est en train de s'implanter durablement grâce au ralliement des tribus sunnites, provoqué par les exactions de Bachar el-Assad en Syrie et l'aveuglement de Nûri al-Mâliki en Irak. L'inefficacité de l'armée irakienne et la collaboration opportuniste des shaykhs ne dureront sans doute pas, mais en attendant, le salafisme guerrier a montré sa force face au compromis avec les États-Unis et un système démocratique honni.

La réalité de l'État islamique est double : un territoire organisé et administré et un étendard fantasmagorique qui entretient une relation gémellaire avec al-Qaïda. En effet, derrière les querelles de pouvoir se cache une même ambition, celle de la renaissance de l'islam absolu et de la conquête des terres infidèles. Une ambition qui s'enracine dans la longue durée.

Face à cette méta-structure, quel est l'avenir à moyen terme au Proche Orient ? Plusieurs scénarios sont possibles d'ici 2020 :

# CARTES DES SCÉNARIOS D'AVENIR AU MOYEN ORIENT

## Scénario n° 1.

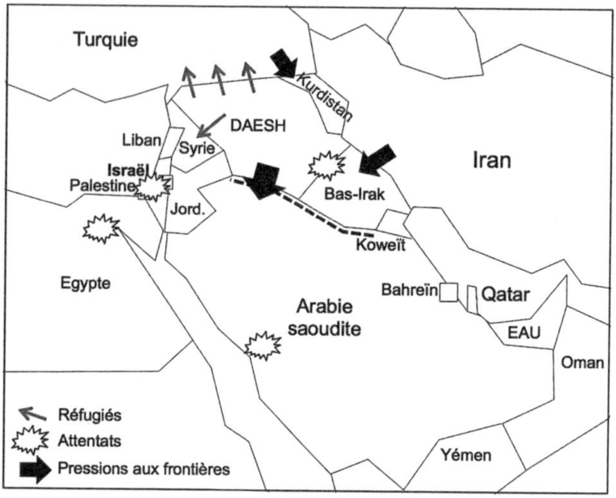


## Scénario n° 2

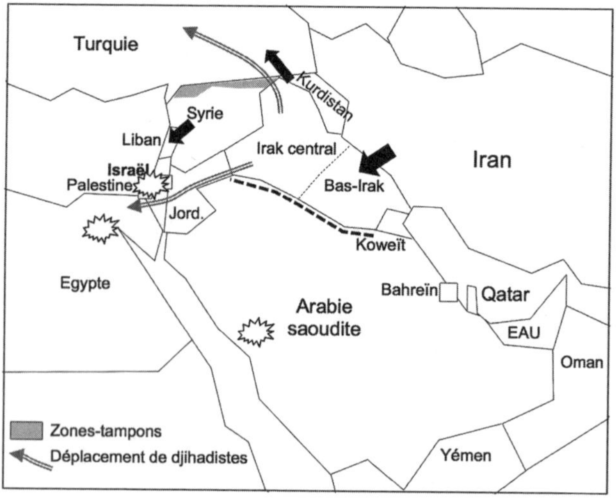

Scénario n° 1 : La victoire de Daesh. L'État islamique est pérenne et a conforté son territoire, d'où sont parties les minorités religieuses, réfugiées vers la Turquie. Plus de 10 millions d'individus vivent sous son gouvernement, financé essentiellement par le pétrole, exploité par des compagnies chinoises. Le Bas-Irak shiite est devenu indépendant et a renforcé ses liens avec l'Iran, comme l'a fait le Kurdistan avec la Turquie. On parle de trafics commerciaux intenses entre les Kurdes, les Turcs et le Califat. Les pays voisins, et surtout Israël et la Syrie, sont régulièrement déstabilisés par des actions terroristes sévèrement réprimées. L'Arabie Saoudite ne parvient plus à contenir les assauts de Daesh à sa frontière.

Scénario n° 2 : La défaite de Daesh et l'instabilité. L'État islamique a été vaincu, le calife retrouvé mort et ses troupes décimées. Mais la partition ethnico-religieuse de l'Irak a été consacrée, le pays est devenu une fédération très distendue. Le Kurdistan, qui a obtenu son indépendance, soutient désormais le PKK en Turquie, ce que craignait Ankara. Côté syrien, Bachar a repris les territoires perdus, sauf les zones kurdes que la Turquie est parvenue à internationaliser et qui sont *de facto* sous son contrôle. En contrepartie, il tente de réinstaller l'hégémonie syrienne sur le Liban. Enfin, plus d'une dizaine de milliers de combattants djihadistes se sont dispersés après la fin de l'EI dans les pays sunnites de la région entraînant une contagion terroriste.

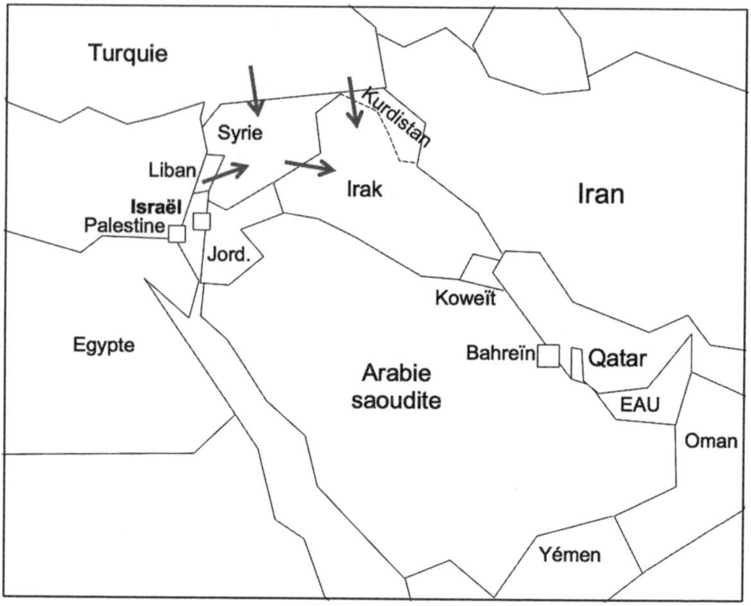


Scénario n° 3 : La défaite de Daesh et la pacification. Après la mort du calife et l'arrestation des djihadistes, les pressions internationales, associées à la coopération de Bagdad, ont permis une pacification entre sunnites et shiites en Irak, la préservation du cadre national et une meilleure redistribution des richesses pétrolières. L'autonomie du Kurdistan a toutefois été élargie. En Syrie, des accords politiques ont lancé un processus de réconciliation nationale garanti par une amnistie. Bachar al-Assad a promis de ne pas se représenter aux élections, en échange d'une large immunité pour lui et ses proches. Les réfugiés sont rentrés chez eux.

L'État islamique est la résurgence d'un rêve médiéval

qui va bouleverser durablement le Moyen Orient. Contre cette réalité, les États-Unis ont été tentés par un audacieux retournement géopolitique en faveur de l'Iran, voire de la Syrie. Mais le coût moral d'une telle *Realpolitik* aurait été tel que Barack Obama a fait le choix de l'islamisme contre l'islamisme et des frappes aériennes. Celles-ci bien sûr ne seront pas sans efficacité[1]. Mais, pour vaincre le Califat à long terme, il n'y a que deux stratégies :

– le confinement de Daesh entre la Syrie de Bachar, le Kurdistan, l'Iran et le Bas-Irak, puis sa réduction par la force avec le soutien russe[2] ; pour cela, il faudra réintégrer l'Iran dans le concert des nations. C'est la « carte shiite »,

– le retournement des tribus sunnites d'Irak par une politique généreuse envers elles et l'assurance que la structure étatique historique sera préservée ; pour cela, il faudra associer la Turquie afin qu'elle ferme ses frontières aux trafics, et les pays du Golfe persique afin qu'ils participent au financement de la reconstruction de l'Irak. C'est la « carte sunnite ».

On pourrait aussi proposer la solution de la non-ingérence, du refus de s'entremêler aux douleurs des peuples qui nous sont loin, mais la réponse apportée par le « monde libre » à ces enjeux de taille est une mesure technique : les frappes sur des cibles identifiées.

1. Le 4 septembre, Abû Hadjr al-Sûri, bras droit d'al-Baghdâdî, est tué par l'armée irakienne sur la base de renseignements, signe chez certains djihadistes de tentatives de trahison ou de recherches de récompenses (AFP).

2. Toute négociation devra forcément impliquer la Russie et l'Iran selon Frédéric Pichon, interrogé par *Le Figaro*, 12 septembre 2014.

Dire que l'Occident et le djihadisme se narguent et s'affrontent est en quelque sorte un défaut de langage, car il n'y a rien d'humain entre le fanatisme religieux et l'aveuglement techniciste, aucune communication, aucune confrontation de vertus ou de forces, mais plutôt un duel entre des êtres désâmés.

Quant à l'État islamique, il est plus qu'une organisation criminelle : un rêve arabe. Un rêve éveillé qui sème la mort. Une aspiration démesurée à la puissance retrouvée après les humiliations subies. Il suffit de scander le mot de « Califat » pour qu'il devienne réalité, il suffit de se laisser couler dans ce songe pour que les actes criminels deviennent des expiations. Et lorsqu'un peuple marche en rêve, les bombardements sont en général sans effet, surtout lorsqu'ils sont téléguidés par des élites somnambules.

# ANNEXES

## RAPPEL SUR LA FRACTURE ENTRE SUNNITES ET SHIITES

En 632, à la mort de Mahomet, qui n'a pas organisé sa succession, des divisions surgissent entre ses compagnons. 'Umar, cousin du prophète, reconnaît publiquement le beau-père du défunt, Abû Bakr, comme calife, le *khalifa* (« successeur »), bientôt imité par l'ensemble des croyants. Les partisans de 'Alî, gendre et cousin de Mahomet, dénonceront un coup d'État visant à écarter du pouvoir le plus proche parent du prophète. Premier calife de l'islam, Abû Bakr ne règne que deux ans, jusqu'en 634, le

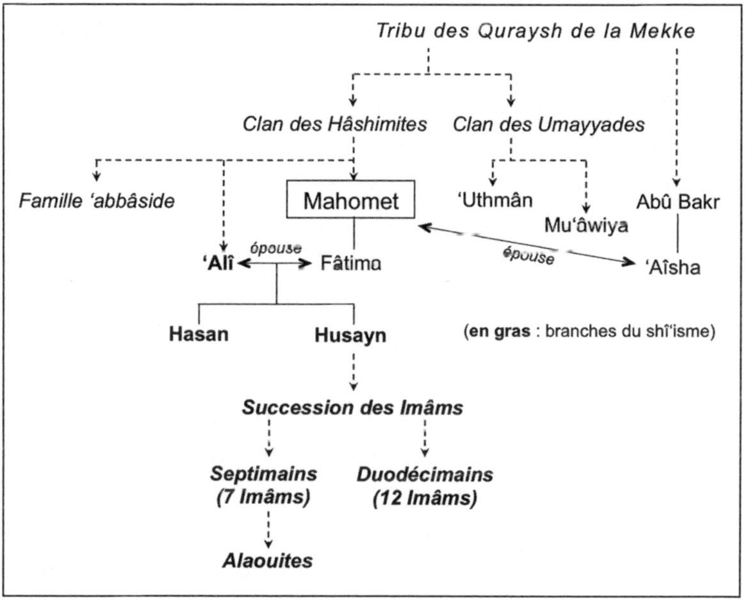

temps de réprimer les révoltes. À sa mort, il désigne comme successeur son allié 'Umar. L'homme multiplie les conquêtes et organise l'État islamique. Mais son assassinat en 644 laisse la communauté divisée. Les uns soutiennent 'Uthmân, de la famille aristocratique des Umayyades, officiellement reconnu comme calife, et les autres 'Alî, le bien-aimé de Mahomet. Le pouvoir doit-il aller à la famille du prophète ou à celui que désigne le consensus ? Deux forces hostiles s'affrontent et vont faire naître les deux courants principaux de l'islam : les sunnites (de *sunna*, « tradition ») contre les partisans de 'Alî, les shiites (de *shî'a*, « parti »).

Le meurtre de 'Uthmân en 656 permet à 'Alî de prendre enfin le califat dans la confusion. Mais le gendre du prophète rassemble contre lui toutes les haines : 'Aîsha, l'une des épouses de Mahomet, dont il bat les partisans à Bassora en 656, et les Umayyades, clan du calife assassiné. Parmi ceux-ci figure le gouverneur de Syrie et général Mu'âwiya, qui cherche à écarter 'Alî. Les deux hommes s'affrontent lors de la bataille de Siffîn (657), au cours de laquelle 'Alî accepte un arbitrage laissé au destin, mais dont il sort vaincu. Beau joueur, il accepte sa défaite et se retire avant d'être assassiné en 661 par un de ses partisans déçu. En 680, Yazîd, fils de Mu'âwiya, devient calife ; mais Husayn, fils de 'Alî, refuse de lui prêter allégeance. Les troupes de Husayn sont aussitôt vaincues et lui-même exécuté à la bataille de Kerbala, défaite qui confirme la suprématie des Umayyades sur l'islam. La rupture avec les shiites est consommée. Ces derniers n'oublieront jamais la mort de 'Alî et de son fils, dont les tombeaux sont toujours vénérés en Irak, et jureront de les venger à travers les siècles.

Mais à ces divisions purement politiques se rattachent des querelles théologiques. Après la mort de Huysan, les shiites se réfèrent à la lignée ininterrompue de ses descendants mâles, les douze Imâms, jusqu'à la disparition mystérieuse (« l'occultation ») du dernier en 879. Seul un Imâm issu de 'Alî peut expliquer les sens cachés du Coran et révéler la vérité. Ainsi, chez les shiites, les questions politique et doctrinale sont liées (« Imâm et prophète sont frères », dit la tradition). Cette branche a donc élaboré un clergé conduit par un *Ayatollah* (« le signe de Dieu »), chargés d'interpréter le Coran et de diriger la communauté, en attendant le retour providentiel de l'Imâm caché, appelé le *Mahdi* (« le bien guidé »). Pour les sunnites, cette doctrine – qu'ils méconnaissent totalement – est jugée inepte et hérétique ; les pratiques shiites sont erronées et le gouvernement de l'islam doit revenir à celui qui prend le pouvoir, sans référence à la lignée de 'Alî.

Le courant shiite fut lui-même rapidement parcouru de tendances centrifuges. Certains constituèrent la branche violente et ésotérique des Septimains, qui arrêtent leur vénération au septième Imâm. De ce groupe naquit au IXe siècle la secte des Alaouites, à laquelle appartient Bachar al-Assad, professant les réincarnations divines en 'Alî. Côté sunnite, les différentes approches théologiques s'incarnèrent dans quatre écoles juridiques longtemps irréconciliables, distinguées en fonction de leur rapport au Coran comme source de la loi. Le hanbalisme, école fondée au IXe siècle, est celle qui inspire encore les intégrismes de tout poil, en Arabie Saoudite, chez al-Qaïda et les salafistes. À l'inverse, l'école hanafite, qui fait appel à la raison et au jugement personnel, est vivement décriée comme trop humaine.

# LE DRAPEAU DE L’EIIL

Omniprésent sur les images et les vidéos de l’EIIL, cet étendard rappelle l’unicité de Dieu, le *tawhîd*: « Il n’y a de dieu que Dieu », et ajoute le prophétat: « Dieu et le prophète Muhammad ».

Le noir renvoie à la couleur des califes abbassides, choisie comme marque de deuil pour les martyrs et les hommes de la famille du prophète tués au cours de la *fitna*. Le cercle central est le sceau de Muhammad, le blanc est la couleur du vêtement du pèlerin de La Mecque et, selon les hadith, la couleur du musulman. Elle est un symbole de la piété. Le style d’écriture reprend les graphies des premiers Corans conservés du début du VIII$^{e}$ siècle. Il y a là une marque d’authenticité et de tradition.

L’historien Ibn Khaldûn (1332-1406) explique quel était son usage autrefois:

« Le plus souvent quand quelqu'un était nommé gouverneur d'une place ou général d'armée, le calife, soit parmi les Abbassides soit parmi les Fâtimides, lui nouait un drapeau, après quoi cet officier sortait du palais du calife, ou de sa propre maison, pour se rendre à la mission dont il était chargé, accompagné d'un cortège de gens qui portaient les drapeaux et les instruments de musique »

*Prolégomènes*, traduction Sacy.

Il indique donc la mission confiée par le calife, qui est d'étendre l'islam par la force ou l'exhortation. Sa signification est aussi eschatologique car l'étendard annonce la victoire de Dieu et de ses auxiliaires. Les temps du Jugement sont proches. Sous des formes variées, ce drapeau était déjà utilisé dans les années 1990 chez d'autres groupes islamistes, notamment les Frères musulmans, les Tchétchènes et al-Qaïda. Mais sa popularité vient assurément des victoires de Daesh[1].

1. F. Burgat, R. Caillet, « Une guérilla islamiste ? », *Les carnets de l'IREMAM*, 16 octobre 2013.

# LEXIQUE

Abbassides : Dynastie califale installée à Bagdad (749-1258). Professant un islam rigoureux, ils contribuèrent à la constitution de la Sunna.

Al-Nosra : Voir *Jabhat al-Nosra*.

Alaouites : Dits aussi *Nusayris*, groupe ésotérique issu du shiisme au IXe siècle et implanté dans les montagnes de l'ouest syrien.

AQMI : *Al-Qaïda au Maghreb islamique*, groupe djihadiste implanté dans l'ensemble du Sahara et menaçant régulièrement la bande sahélienne.

AQPI : *Al-Qaïda dans la Péninsule arabique*, groupe djihadiste dont les objectifs terroristes étaient situés en Arabie Saoudite, mais qui dut se déplacer au Yémen.

Asabiyya : Principe de cohésion sociale et d'identité censé définir chaque tribu et son destin.

ASL : *Armée syrienne libre*, organisation rebelle fondée en 2011 par des officiers du régime syrien ayant fait défection. Rassemblant des tendances modérées ou laïques, l'ASL fut rapidement dépassée par les mouvements djihadistes anti-Bachar al-Assad.

Baas (*Baath*, *baassisme*) : Parti d'inspiration socialiste créé en 1953 par le chrétien syrien Michel Aflak et dont le but était l'unité arabe au moyen d'un nationalisme laïc et non de la religion musulmane. Le Parti Baas parvient au pouvoir en Syrie et en Irak dans les années 1960.

Bay'a : Serment d'allégeance prêté par les tribus à Mahomet puis aux différents califes.

Calife : Voir *Khalifa*.

Daesh (*Da'ish*) : Acronyme arabe pour *État islamique en Irak et au Levant.* Voir *EIIL.*

Dhimmi : « Blâmés, protégés », chrétiens et juifs qui se soumettent à l'islam. En échange de la capitation, ils sont protégés et leur culte permis selon des conditions strictes.

Dîn : Terme regroupant les notions de religion, de croyance et de rétribution des actes au Jugement dernier. Au premier sens, il s'agit des prescriptions cultuelles qui définissent le licite et l'illicite.

Djâhiliya : « Ignorance, sauvagerie » : la société païenne d'avant l'islam.

Djihâd : « Effort, zèle », lutte contre le mal qui est dans chaque homme. Les savants au service des califes interprétèrent le mot dans le sens de « guerre sainte » au profit de la Umma.

Djizya : « Tribut, capitation » que doivent payer les non-musulmans intégrés dans le système de sécurité de l'islam.

EI : *État islamique*, nom donné à l'organisation terroriste de Syrie et d'Irak à partir de juin 2014. Voir *EIIL.*

EIIL : *État islamique en Irak et au Levant*, nom de l'organisation menée par al-Baghdâdî entre 2013 et 2014. Elle est issue du groupe l'*Unicité et le djihâd*, devenu en 2006 l'*État islamique d'Irak.*

Fitna : « Sédition, reniement, tentation », c'est-à-dire la division entre les musulmans shiites et sunnites après le milieu du VIIe siècle.

Hadîth : Récit d'un fait véridique ou d'une parole entendue. Par extension, les « dits » ou les « faits » du prophète, recueillis par des témoins et transmis oralement avant d'être compilées au IXe siècle, notamment par al-Bukhârî (mort en 869) et Muslim (mort en 875).

HAKAM : « Arbitre », juge reconnu par les tribus pour régler leurs différends.

HIDJRA : « Émigration, exil » de Mahomet. La racine du mot indique l'éloignement. L'Hégire est son départ de la Mekke pour Médine en 622.

HISBA : Police urbaine des marchés et des mœurs sous le califat abbasside.

IRIB : Agence officielle d'information de l'Iran.

ISLÂM : « Soumission, pacification, abandon ». L'islam se définit comme une attitude devant Dieu avant d'être un corps de doctrines.

ISLAMISME : Projet politique de soumettre toutes les activités sociales et juridiques aux règles religieuses de l'islam.

JABHAT AL-NOSRA : « Front de la victoire », groupe djihadiste proche d'al-Qaïda, installé en Syrie et séparé de l'EIIL dès 2013.

KA'BA : « Cube, objet angulé », c'est-à-dire le sanctuaire de la Mekke, revêtu de la tenture noire (la *kiswa*) et abritant les idoles païennes.

KAFIR : « Réfractaire, infidèle, dissimulateur » ; désigne les païens obstinés contre Mahomet, et plus tard les chrétiens, les juifs et les musulmans indignes.

KHALIFA : « Successeur » ou *calife*, qui prend la tête de la communauté musulmane après la mort de Mahomet.

KUFAR : Pluriel de *kafîr*.

SALAFISME : Mouvance rigoriste de l'islam qui cherche à revenir à la foi épurée des « anciens » (*salaf*). On distingue les salafismes piétiste, politique et djihadiste.

SHAM : La Syrie ; dans une certaine mystique musulmane, le Sham est la terre où reviendra le *Mahdî*, l'annonciateur du Jugement.

Sharî'a : Corps de droit islamique prétendant réglementer tous les détails de la vie sociale.

Shaykh : « Vieillard, maître », chef de tribu.

Shî'a : « Escorte, compagnie, parti », nom utilisé pour les shiites, partisans de 'Alî.

Shûrâ : Conseil islamique, souvent composé des chefs de tribus.

Sunna : « Tradition, règle de conduite », désigne le courant sunnite qui considère comme un tout le Coran et la tradition prophétique, c'est-à-dire les récits autour de Mahomet et les hadîth.

Takfir : « Anathème », principe de condamnation contre les débordements jugés non conformes à l'islam, qu'il s'agisse de musulmans ou pas.

Tawhîd : « Unicité », défense théologique et religieuse de l'absolue unicité et transcendance divine.

Umayyades : Dynastie califale installée à Damas (661-749). Responsables des vastes conquêtes de l'islam, les souverains omeyyades sont peu soucieux d'imposer une identité religieuse forte à leur empire.

Umma : Avant le VIIIe siècle, le mot évoque à la fois le groupe humain bien guidé, le bon chemin et la bonne direction. Par la suite, il désigne la « communauté » : les musulmans, comme les chrétiens et les juifs, forment une « nation » distincte qui se comporte telle une tribu. À Médine, Mahomet réserve le mot aux musulmans.

Wahhabisme : Salafisme saoudien soutenant à la fois la monarchie et le nationalisme d'Arabie Saoudite.

Zakât : « Aumône, purification », le versement de l'aumône, réglementé par Mahomet, entraîne le pardon des fautes.

REMERCIEMENTS

Les auteurs tiennent à remercier les collaborateurs suivants qui les ont aidés dans leurs recherches :

Antoine Barrandon, Pierre Benages, Vianney Bourgnignaud, Florent Cousin, Gilles Duplay, Rémi Leyrisse, Luigi de Icco, Benoît Malet, Tautvydas Jaskunas, Adèle Nicolas, Kanako Ishida, Chloé Verslype, Douglas Delpha, Pierre Reboul, Joseph Mennecier, Akira Miyazawa, Carlo Scaglia, Xavier de Lesquen du Plessis Casso, Louis-Xavier Devanneaux, Bruno Drécourt, Antoine Lallemand de Driesen, Guillaume Sevestre, Zsolt Kappelert, Anne-Dounia Hadbi, Mathilde Langlois, Jessica Lombard, Mathilde Quentel.

# TABLE DES MATIÈRES

# CARTES ET SCHEMAS

Achevé d'imprimer en octobre 2014

*Imprimé dans l'Union européenne*